한국생활사박물관
09

— 새로운 전통의 들머리 —

조 선 생 활 관 1
LIVING IN CHOSUN - CROSSROAD OF TRADITIONS

사계절

한국생활사박물관 편찬위원회

편집인	강응천
연구 · 편집	김영미 · 김향금
기획	(주)사계절출판사
집필	염정섭 · 이희중 (조선실)
	강응천 (야외전시)
	김향금 (특별전시실 · 가상체험실)
	김봉렬 (특별전시실)
	김 호 (가상체험실)
	정재훈 (특강실 1)
	박진호 (특강실 2 · 국제실)

책임디자인	백창훈 · 이정민
편집디자인	이동준
일러스트레이션 디렉터	곽영권
일러스트레이션	김동성 · 김병하 · 백남원 · 이선희
	이수진 · 이은홍 · 임은영 · 정지윤
사진	정주하 · 지중근
전시관 디자인	김도희

제작	박흥기
교정	이경옥 · 김장성

내용 감수	이태진 (서울대 교수 · 한국사)
기획 감수	최준식 (이화여대 교수 · 종교학)
	오주석 (1956~2005, 전 연세대 겸임교수 · 미술사)
	김봉렬 (한국예술종합학교 교수 · 건축학)
	김소현 (배화여대 교수 · 복식사)
	주영하 (한국학중앙연구원 · 민속학)

일 러 두 기

1. 역사적 사실이나 개연성에 대한 고증과 평가는 학계의
   통설을 기준으로 삼았다.
2. 지명과 인명의 표기는 가급적 중 · 고등학교 교과서를 따랐다.
3. 외래어 표기는 현지 표기를 존중하는 문화관광부 제정
   '외래어 표기법'과 중 · 고등학교 교과서를 따랐다.
4. 한자의 사용은 되도록 피하되 꼭 필요한 경우에는 ( ) 안에 넣었다.
5. 생활사의 성격상 곳에 따라 역사적 개연성을 벗어나지 않는
   범위 안에서 가상 인물이나 가상 이야기를 첨가했다.

『한국생활사박물관』 9권 「조선생활관 1」을 펴내며

조선은 14세기 말부터 20세기 초에 걸쳐 존재했다. 이 기간에 세계는 일찍이 겪지 못한 변화를 맞으며 역동적으로 움직였다. 조선이 건국될 무렵에는 몽골 세계 제국이 쇠퇴하면서 동서양 여러 세력이 각개 약진을 시작했다. 특히 장원제의 좁은 틀 안에 갇혀 있던 서양인은 바깥 세계로 나아가기 시작하여 조선 건국 100년 후에 콜럼버스가 아메리카에 도달했고, 기다렸다는 듯이 유럽 각국의 세계 진출이 뒤를 이었다. 서양이 동양을 먹어 들어가는 '서세동점'의 도도한 기운은 인도, 중국에 이어 일본의 문을 열어젖히고 여세를 몰아 조선의 숨을 거두어 갔다.

세계사의 거친 흐름을 살피다 보면 우리는 이런 질문을 던지기 쉽다. "그동안 조선은 도대체 뭘 했지?" 그리고 조선을 대표하는 문화 브랜드가 유교였다는 데 생각이 미치면 "다 고지식한 유학자들 때문이야!"라며 흥분하기 쉽다. 결과만 놓고 보면 이런 편잔과 비난도 일리는 있다. 그러나 조선이라는 단일 왕조가 유교라는 단일 사상을 중심에서 놓지 않은 채 500년이 넘도록 '무언가'를 하고 있었다는 것 — 여기에는 만만치 않은 저력이 깔려 있었다고 봐야 한다.

지금은 시시각각 주체성의 위기를 겪고 있는 '세계화' 시대. 우리에게는 조선이 패배한 후 100년 동안 쏟아진 호들갑과 격정만큼이나 조선 500년간 곰삭고 농익었던 전통의 핵심을 찾는 일이 필요할지 모른다. 한국생활사박물관 시리즈는 그런 생각 아래 조선이 500년 동안 하고 있던 그 '무언가'를 찾아 세 권에 걸친 역사 탐구를 시작한다. 이 책 9권에서는 천년 넘게 이어오던 기존 전통이 유교 중심으로 바뀌어 가던 조선 전기를 살핀다. 10권에서는 그 새로운 전통이 활짝 꽃 핀 18세기를 중심으로 조선 후기를 조명하고, 11권에서는 전통과 근대가 맞부딪치던 개항기와 구한말을 다룰 예정이다.

이 책에서 다루는 조선 전기는 이전의 고려나 삼국과도 다르지만 우리가 알고 있는 조선의 이미지와도 다른 시대였다. 우리는 조선을 사대에 찌들고 당쟁에 멍들면서 공리공담만 무성했던, 왜소하기 짝이 없는 나라로 쉽게 말한다. 그러나 조선 사람들이 남긴 천문도나 세계 지도, 그리고 학문의 자취를 보면 그들이 녹록치 않은 주체성과 사상의 깊이를 지니고 있었음을 짐작하게 된다(야외전시). 특히 훈민정음의 창제가 가진 주체적 의의, 그리고 이 창조적이고 과학적인 문자가 세계의 문자 가운데 갖는 독보적 의미에 대해서는 어떤 찬사도 넘치지 않을 것이다(특강실 · 국제실).

외곬이고 가부장적이라는 조선의 유교 문화에 대해서도 생각을 바꿔야 할 것이다. 유교적 이상 사회를 꿈꾸는 사대부들이 장악한 16세기 조선의 향촌으로 들어가면, 뜻밖에 남녀 차별이 심하지 않고 농민을 중심으로 무속 전통이 살아 있는 유연한 조선 사회를 만나게 될 것이다(조선실). 향촌과 한양에서 사는 여러 계층의 사람이 서로 다른 시간 속에서 살아가는 모습을 재미있게 다룬 '가상체험실'은 조선 사회의 다양한 면모를 보여 주는 이 책의 백미 가운데 하나이다. 한편, 한양에서 거행된 종묘 제례를 재현한 장면에서는 생활의 모든 면에서 인간 관계의 기본 규범인 예(禮)에 철저하고자 했던 조선 유교 정신의 진면목을 발견하고 숙연함마저 느낄 것이다(특별전시실).

박물관은 옛날의 것, 이미 죽은 것을 전시하는 곳이다. 하지만 박물관이 전시하는 '옛날'은 살아 있어야 한다. 우리는 박물관의 차가운 유리 뒤에서 박제된 주검의 모습을 하고 있는 유물들을 바라보며 생각했다. 사대부에게 시간을 알려 주던 휴대용 해시계(천평일구)가, 노농(老農)의 경륜이 담긴 살포라는 농기구가 실제로 사용되는 모습을 볼 수 있다면, 옛사람의 총체적 생활상을 한 편의 영화처럼 생생하게 들여다볼 수 있다면……

바로 그런 문제의식에서 기획된 '책 속의 박물관' 『한국생활사박물관』이 이제 아홉째 권을 내게 되었다. 이 한 권의 책에 실린 800매의 원고와 40여 점의 컬러 그림, 100여 컷의 컬러 사진이 조선과 조선 사람들에게 올바른 평가를 안겨 주기 바란다. 우리가 선사 시대부터 현대에 이르는 우리 민족의 생활사를 오롯이 복원해 낼 때까지 독자 여러분의 따뜻한 격려와 호된 질책을 함께 기다린다.

2003년 7월 한국생활사박물관 편찬위원회

조선생활관1안내

8
야외전시
OPENING EXHIBITION

「조선생활관 1」의 도입부. 우리는 조선을 사대에 찌들고 당쟁에 멍들었으며 공리공담만 무성했던, 왜소하기 짝이 없는 나라라고 쉽게 말한다. 그러나 조선 사람들이 남긴 천문도나 세계 지도, 훈민정음 같은 창조적 문화유산, 그리고『성학십도』같은 학문의 자취를 보면 그들이 녹록치 않은 주체성과 사상의 깊이를 지니고 있었음을 짐작하게 된다.

22
조선실
LIFE IN CHOSUN

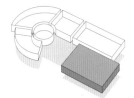

우리는 외곬이고 가부장적이라는 조선의 유교 문화에 대해서 생각을 바꿔야 할 것이다. 유교적 이상 사회를 꿈꾸는 사대부들이 장악한 16세기 조선의 향촌으로 들어가면, 뜻밖에도 남녀 차별이 심하지 않고 농민을 중심으로 무속 전통이 살아 있는 유연한 조선 사회를 만나게 될 것이다.

60
특별전시실
SPECIAL EXHIBITION

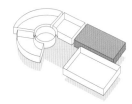

예악(禮樂)은 조선 유교 사회를 움직이는 핵심 원리이며 종묘는 그것을 보여 주는 대표적 상징. 한양에서 거행된 종묘 제례를 재현한 장면에서는 생활의 모든 면에서 인간 관계의 기본 규범인 예(禮)에 철저하고자 했던 조선 유교 정신의 진면목을 발견하고 숙연함마저 느낄 것이다.

72
가 상 체 험 실
SIMULATION ROOM

한양과 향촌에서 사는 왕·사대부·농민 등 여러 계층의 사람들이 서로 다른 시간 속에서 살아가는 모습을 재미있게 다루고 있다. 조선 사회의 다양한 면모와 함께 조선의 천문 과학 기술 수준을 잘 보여준다.

78
특 강 실
LECTURE ROOM

고려 말에 들어온 성리학은 어떤 과정을 거쳐 조선 사람들의 일상생활에 영향을 주게 되었을까? 훈민정음 창제를 계기로 살펴볼 수 있게 된 우리 중세 국어는 어떤 모습이었을까?

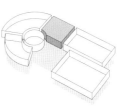

86
국 제 실
INTERNATIONAL EXHIBITION

세계의 문자는 대부분 한자 계통과 알파벳 계통의 두 가지로 나눌 수 있다. 세계 역사상 가장 독창적이며 과학적인 문자인 한글과 함께 세계 문자의 역사를 살핀다.

36　■ 조선 백자

1392(태조 1년)

개경 수창궁에서 건국(조선 국호는 1393년부터, 한양 천도는 1394년).

1395(태조 4년)

9월 종묘와 경복궁 완공. 10월 천상열차분야지도 각석 세움.

1413(태종 13년)

호패법을 정해 12월에 처음으로 호패를 차게 함.

1431(세종 13년)

경복궁에 천문 관측대인 간의대(簡儀臺) 설치.

1438(세종 20년)

김시습의 『금오신화(金鰲神話)』 간행.

1441(세종 23년)

세계 최초의 철제 측우기를 설치하고, 양수표(量水標)를 세움.

1443(세종 25년)

훈민정음(訓民正音) 28자(자음 17자, 모음 11자)를 창제함(1446년 반포).

1453(단종 1년)

계유정란(癸酉靖難). 수양대군이 김종서 등을 살해하고 정권을 잡음.

1474(성종 5년)

1월 『경국대전』 반포 시행. 11월 『국조오례의』 완성.

1478(성종 9년)

11월 서거정(徐居正) 등이 『동문선(東文選)』 편찬.

1481(성종 12년)

3월 『동국여지승람(東國輿地勝覽)』 50권 편찬.

1498(연산군 4년)

7월 무오사화. 김종직을 부관참시하고 사초(史草)와 문집을 불태움.

1504(연산군10년)

윤4월 갑자사화. 김굉필·박은과 이극균·성준 등 수십 명을 죽임.

1506(연산군 12년)

9월 중종 반정(反正). 박원종 등이 연산군을 폐하고 중종을 왕으로 옹립.

──── **1510**(중종 5년) ────

4월 삼포왜란. 동래 부산포, 울산 염포, 웅천 내이포에 왜란.

1511(중종 6년)

10월 『삼강행실도(三綱行實圖)』를 반포함.

1517(중종 12년)

7월 여씨향약(呂氏鄕約)을 8도에 시행함.

1519(중종 14년)

11월 기묘사화(己卯士禍). 조광조 등을 축출함.

1543(중종 38년)

1월 풍기군수 주세붕이 순흥에 백운동 서원(훗날의 소수서원)을 세움.

1554(명종 9년)

6월 재지(在地) 사족이 수령을 고소하지 못하도록 한 '부민고소금지법' 개정.

1555(명종 10년)

5월 전라도 영암에 왜구 침입. 을묘왜변(乙卯倭變).

1559(명종 14년)

3월 임꺽정의 난. 이황-기대승 사단칠정 논쟁(~1566년).

1568(선조 1년)

12월 이황이 『성학십도(聖學十圖)』를 지어 올림.

1572(선조 5년)

이이-성혼 사단칠정 논쟁(~1578년).

1574(선조 7년)

4월 경상도 예안에 이황을 모신 도산 서원 설립.

1575(선조 8년)

7월 을해당론 : 심의겸과 김효원 사이의 배척으로 서인과 동인의 당론이 시작됨.

1589(선조 22년)

10월 정여립 모반 사건.

1590(선조 23년)

동인이 남인과 북인으로 분당됨.

1592(선조 25년)

4월 임진왜란. 왜군 21만 명 조선에 침입함. 동래성 함락.

▓ 96쪽에 본문을 참조할 수 있는 연표가 있습니다.

조 선 생 활 관　1

야외전시 OPENING
EXHIBITION

이곳은 『조선생활관 1』의 도입부입니다. '조선' 하면 우리는 왠지 자꾸만 노쇠하고 작고 보잘것없는 이미지만 떠올립니다. 중국에 대해서 사대(事大)하느라고 자기 것을 세울 틈이 없었던 옹졸한 왕조, 공자 왈 맹자 왈 하면서 실질적인 삶의 문제는 돌아보지 않던 외통수 양반들······ 이런 선입견을 털어 버리지 않으면 우리는 조선 시대 사람들의 삶의 진실에 접근할 수 없으며, 우리와 가장 가까운 전통 시대인 조선으로부터 배우고 계승할 많은 것을 잃어버리게 됩니다. 조선 시대 사람들은 앞 시대인 고려까지와는 완전히 다른 전통을 창조했습니다. 그런 새로운 전통으로 들어가는 길목에서 조선 사람들이 무슨 생각을 하고 무엇을 만들어 갔는지 이곳 '야외전시'에서 확인하십시오.

朝鮮

Crossroad of Traditions

청계 고가도로에서 조선을 만나다

2003년 6월 어느 날 퇴근 길. 오랜만에 시원스럽게 빠지는 청계 고가도로를 달렸다. 문득 빠르게 달리는 차창 밖으로 동대문이 동영상 중의 정지 화면처럼 눈에 들어왔다. 500년 전에는 조선 왕조의 동쪽 정문으로 우뚝 서 있었을 동대문은 몇 차례 보수 공사를 거친 퇴물의 모습을 하고 그 자리에 서 있다. 종종 잊고 살지만 조선은 이처럼 언제나 그 자리에, 우리 가까운 곳에 서 있구나 하는 생각이 새삼스럽게 떠올랐다. 그리고 다시 차가 달려가는 청계 고가도로를 생각했다. 7월이면 흔적도 없이 사라질 이 도로의 운명을 떠올리니 대단한 역사 위를 달리고 있는 것 같았다. 한때 첨단 도시 공학의 산물로 우뚝 서서 동대문을 조롱하듯 쭉 뻗었던 이 도로는 30여 년 만에 조선 시대의 청계천에 자리를 내주게 될 것이다.

동대문: 서울 종로구 종로 6가에 있는 조선 시대의 성문. 서울 도성에 딸린 8문 중의 하나로서 정동(正東)에 있으며
원래의 이름은 '흥인지문(興仁之門)'이다. 1396년(태조 5년)에 건립되고 1453년(단종 1년)에 다시 지어졌으며, 1869년(고종 6년)에 이르러
이를 대대적으로 개축하여 현재의 모습을 갖추게 되었다. 정면 5칸, 측면 2칸, 중층(重層)의 우진각 지붕. 번잡하게 장식화된 부분이 많으며
조선 후기의 쇠퇴한 건축 기법이 곳곳에 엿보인다. 보물 1호.

현대를 살아가는 우리에게 조선의 이미지는 그다지 좋은 편이 못 된다. 동대문을 마지막으로 손봤던 19세기 말의 퇴색한 이미지가 강하다. 나라를 통째로 일본에 내준 왕조, 당파 싸움으로 날을 지새운 지도자들, 가부장적 이데올로기로 여성을 탄압한 사회…… 이런 어두운 이미지를 입증하듯 조선 말기에 우리 나라를 방문한 외국인은 하나같이 '은둔의 나라 조선'이라든가 '가련한 조선'이라든가 하는 부정적 제목이 달린 책을 남기곤 했다. 죽어 가는 노인을 보고 그가 한때 청년이었다는 사실을 실감하기란 물론 어려운 일이다. 그러나 동대문이 위풍당당한 조선의 정문이던 시절, 조선의 청년기는 있었다. 불과 40여 년 사이에 청계천을 뚝딱 메웠다가 복원할 만큼 혈기방장하고 미숙한 청년기를 지나고 있는 현대 한국인은 특히 ██울 것이 많은 발랄하고 역동적인 청년기가

조 선 의   하 늘

전통 시대에는 인간 세계의 운명이 하늘과 밀접하게 연결되어 있다고 믿었다. 따라서 조선을 건국한 주체 세력은 자신들의 정당성을 입증하기 위해서도 하늘의 움직임을 정확히 알고 있어야 했다. 그 하늘은 중국의 하늘도 아니요 옛날의 하늘도 아닌 '지금 조선'의 하늘이어야 했다. 이런 생각으로 조선의 왕도인 한양에서 별자리를 관측하여 하늘의 모습을 그린 다음 그것을 흑요석에 새긴 것이 '천상열차분야지도'였다(1395년). 옛날 '천하의 중심'을 자부했던 고구려의 천문도를 토대로 14세기 조선에서 바라본 1464개의 별을 그려 넣은 이 각석은 이후 조선 천문도의 표준 모델이 되었다. 또한 일본에도 전해져 에도 시대 일본 천문학에 영향을 주었다고 한다. ▧ 72~77쪽 '가상체험실'을 참조하세요.

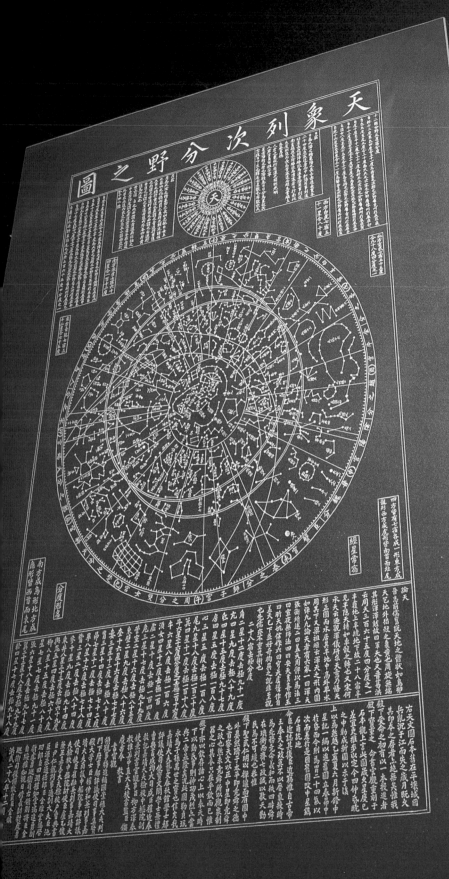

천상열차분야지도(天象列次分野之圖)
'하늘의 적도를 12분야로 나누어 차례로 늘어놓은 그림'이란 뜻.
1395년(태조 4년) 권근 등 11명의 학자가 참여하여 완성했다.
경복궁에 보존되어 있었는데, 임진왜란 이후 방치되어
보존 상태가 좋지 않았던 것을 덕수궁 궁중유물전시관에 옮겨 유리로
봉인했다. 국보 228호. 122.8×200.9cm. 사진은 경기도 여주 영릉
세종유적관리소의 복원품으로 크기는 122.5×211 cm.

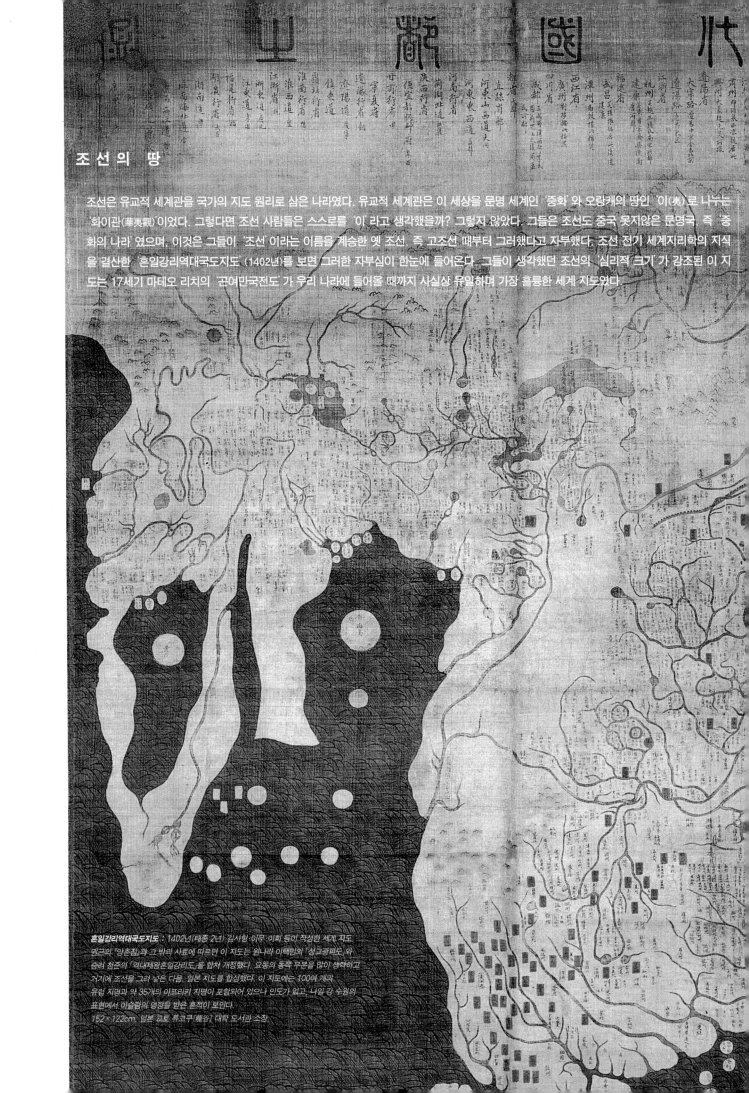

조선의 땅

조선은 유교적 세계관을 국가의 지도 원리로 삼은 나라였다. 유교적 세계관은 이 세상을 문명 세계인 '중화'와 오랑캐의 땅인 '이(夷)'로 나누는 '화이관(華夷觀)'이었다. 그렇다면 조선 사람들은 스스로를 '이'라고 생각했을까? 그렇지 않았다. 그들은 조선도 중국 못지않은 문명국 즉 '중화의 나라'였으며 이것은 그들이 '조선'이라는 이름을 계승한 옛 조선, 즉 고조선 때부터 그러했다고 자부했다. 조선 전기 세계지리학의 지식을 결산한 '혼일강리역대국도지도'(1402년)를 보면 그러한 자부심이 한눈에 들어온다. 그들이 생각했던 조선의 '심리적 크기'가 강조된 이 지도는 17세기 마테오 리치의 '곤여만국전도'가 우리 나라에 들어올 때까지 사실상 유일하며 가장 훌륭한 세계 지도였다.

혼일강리역대국도지도 : 1402년(태종 2년) 김사형·이무·이회 등이 작성한 세계 지도. 권근의 '양촌집'과 그 밖의 사료에 따르면 이 지도는 원나라 이택민의 '성교광피도'와 승려 청준의 '역대제왕혼일강리도'를 합쳐 개정했다. 요동의 동쪽 부분을 많이 생략하고 거기에 조선을 그려 넣은 다음, 일본 지도를 합성했다. 이 지도에는 100여 개의 유럽 지명과 약 35개의 아프리카 지명이 포함되어 있으나 인도가 없고 나일 강 수원의 표현에서 이슬람의 영향을 받은 흔적이 보인다.
152×122cm. 일본 교토 류코쿠(龍谷) 대학 도서관 소장.

훈민정음(訓民正音)
1446년(세종 28년) 9월에 공표된
문자. 그것을 해설한 책의 이름이기도 하다.
'백성을 가르치는 바른 소리' 라는 뜻.
줄여서 '정음' 이라고 하며
'언문(諺文)' 이라고도 불렀다.
글자로서의 훈민정음이 완성된 것은
1443년(세종 25년)이었으며,
그 창제 목적을 실천하기 위해 언문청을
설치하고 훈민정음의 원리를 연구하게
했다. 또 훈민정음을 보급하기 위해
『용비어천가(龍飛御天歌)』를 짓기도 했다.
훈민정음의 제정과 『해례(解例)』의 편찬은
정인지를 비롯해 당시 집현전 학사인
최항·박팽년·신숙주·성삼문·강희안·이개·
이선로 등의 참여로 이루어졌다.
책으로서의 『훈민정음』은 제정 동기와
취지를 밝힌 세종의 서문과
'예의(例義)'로 된 본문, 글자를 만든
원리와 용례를 해설한 해례, 정인지의
해례 서문으로 이루어졌다. 국보 70호.
원본은 간송미술관에 소장되어 있다.
사진은 서울 광화문 교보생명 건물 벽면에
새겨진 훈민정음.

조 선 의 문 화

훈민정음 만큼 조선이 문화 국가, 그것도 중국과 뚜렷이 구별되는 독자적인 문화 국가였다는 것을 잘 보여 주는 문화유산도 없다. 유교가 지배 이념으로 등장한 조선에서 특히 한문은 지배층의 필수 교양이었다. 그들은 한문을 통해 지식과 교양을 쌓았고 한문 실력을 겨루는 과거 시험을 통해 관직에 진출했다. 이런 상황에서 만들어진 훈민정음은 여러 가지 측면에서 획기적인 사건이었다. 첫째, 사대부의 반발을 물리치고 백성의 문자 생활을 위해 한글을 발명했다는 점이 파격적이다. 둘째, 일본·베트남 등 동아시아 전 지역에 한자 문화권이 형성되어 있던 당시 국제 사회에서 한자와는 완전히 다른 고유 문자를 발명한 것은 놀라운 일이었다. 셋째, 한글이 세계 문자사상 유례가 없는 독창적이고 과학적인 문자라는 사실은 아무리 강조해도 지나침이 없다.

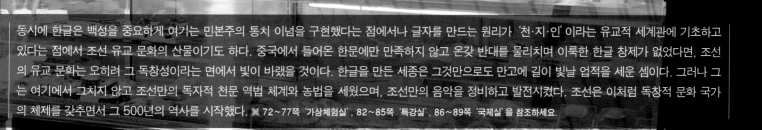

동시에 한글은 백성을 중요하게 여기는 민본주의 통치 이념을 구현했다는 점에서나 글자를 만드는 원리가 '천·지·인' 이라는 유교적 세계관에 기초하고 있다는 점에서 조선 유교 문화의 산물이기도 하다. 중국에서 들어온 한문에만 만족하지 않고 온갖 반대를 물리치며 이룩한 한글 창제가 없었다면, 조선 의 유교 문화는 오히려 그 독창성이라는 면에서 빛이 바랬을 것이다. 한글을 만든 세종은 그것만으로도 만고에 길이 빛날 업적을 세운 셈이다. 그러나 그 는 여기에서 그치지 않고 조선만의 독자적 천문 역법 체계와 농법을 세웠으며, 조선만의 음악을 정비하고 발전시켰다. 조선은 이처럼 독창적 문화 국가 의 체제를 갖추면서 그 500년의 역사를 시작했다. ▨ 72~77쪽 '가상체험실', 82~85쪽 '특강실', 86~89쪽 '국제실' 을 참조하세요.

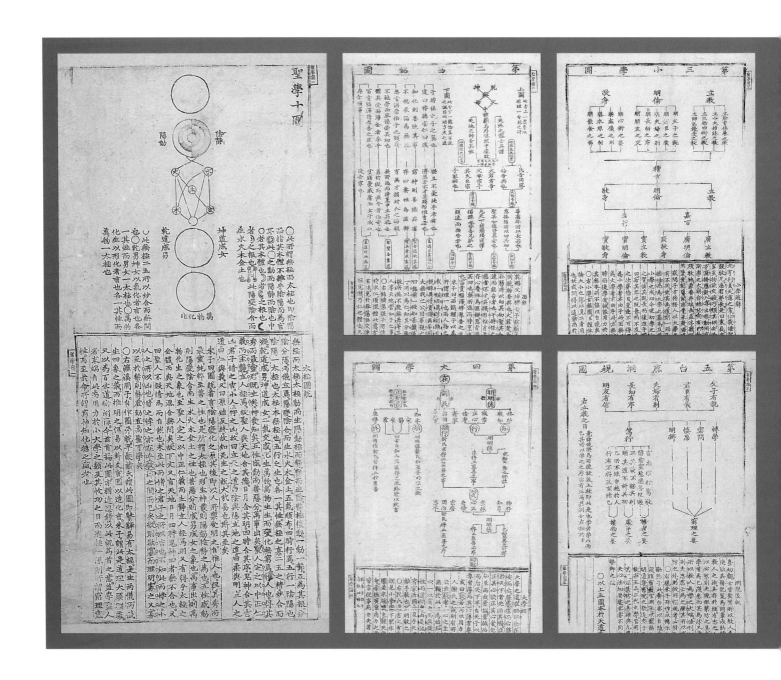

권근의 『입학도설(入學圖說)』(1390) : 초학자를 위해 그림을 붙여 성리학의 기본 원리를 설명한 책. 송나라 주돈이의 『태극도설(太極圖說)』을 본뜨고 주자의 글을 참고하여 그림을 그렸으며, 선현의 격언을 인용해 그 뜻을 해석했다. 활자본. 보물 1136호.

그리고 생각에 생각을 거듭하여

오른쪽 사진은 고려 말~조선 초의 성리학자 권근이 지은 도해(圖解)이고 위 사진은 16세기 성리학자 이황의 도해이다. 성리학 이론을 그림으로 풀어 놓은 두 책은 정교함이나 치밀함에서 많은 차이가 있어, 마치 시간에 따른 조선 성리학의 발전을 보여 주는 듯하다. 그런데 권근과 이황 두 사람 사이에는 단순한 이론적 깊이를 넘어서는 차이가 있었다. 권근 등 초기 성리학자들이 성리학을 주로 국가 운영의 원리로 받아들여 체제를 확립하는 데 힘을 기울였다면, 이황 등 16세기 성리학자들은 성리학의 가르침을 사회 전반에 보급하여 조선을 모든 면에서 유교적 이상 국가로 만들고자 했다.

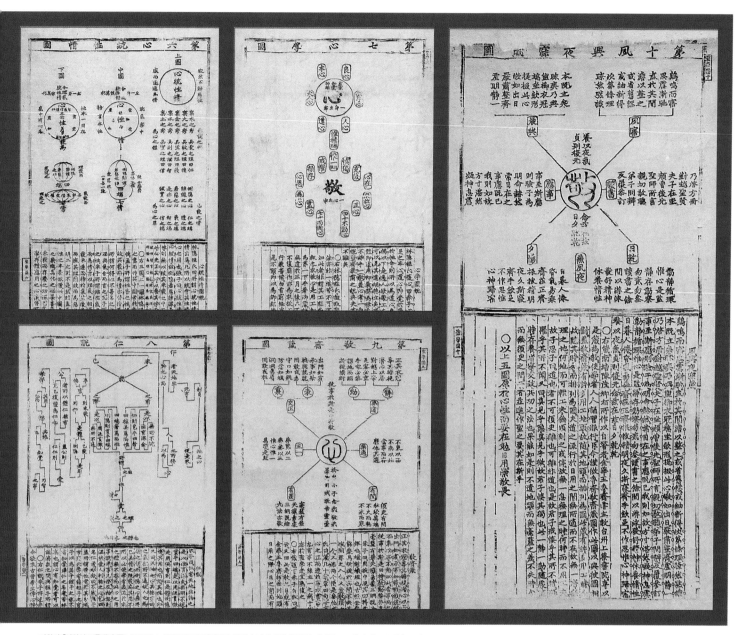

이황의 『성학십도(聖學十圖)』(1568) : 성학(이상적 인격자인 성인이 되기 위한 학문)을 체계적으로 설명하는 10개의 도해.
'십도(十圖)'란 태극도(太極圖)·서명도(西銘圖)·소학도(小學圖)·대학도(大學圖)·백록동규도(白鹿洞規圖)·심통성정도(心統性情圖)·심학도(心學圖)·인설도(仁說圖)·경재잠도(敬齋箴圖)·숙흥야매잠도(夙興夜寐箴圖)이다.
이황은 이후 율곡 이이의 건의를 받아들여 제7심학도와 제8인설도의 위치를 바꾸었는데, 위 병풍은 바뀌기 전의 원본이다. 이 병풍의 원판은 경상북도 영주의 이산(伊山) 서원에서 만들어져 아직도 그곳에 남아 있다.
이광호 연세대 교수 소장.

조선 건국과 체제 확립에 공을 세워 공신이 된 초기 성리학자들은 점차 귀족화되어 각종 사회 문제를 일으켰다. 이들을 '훈구(勳舊)'라고 부른다. 그러자 향촌 사회에 근거지를 두고 있던 성리학자들은 이러한 문제를 비판하면서 성리학을 근본적으로 재검토하기 시작했다. '사림(士林)'이라고 불린 이 신세대 성리학자들은 『소학』·『근사록』 등 기초 서적부터 시작하여 사서(四書)와 『주자대전』 등을 분석하고 당시 중국에서 유행했던 양명학이라는 새로운 학문도 검토하여 이를 자기 것으로 만들어 갔다. 이 과정에서 성리학계는 우주와 인간의 본성에 대한 논쟁(사단칠정 논쟁, 인심도심 논쟁), 사회·정치 운영론 등 인간 생활 전 분야에 걸쳐 치열한 논쟁을 벌였고 점차 그 성과를 현실 정치에 반영해 나갔다. 圖 26~27쪽 '조선실', 78~81쪽 '특강실'을 참조하세요.

새로운 전통을 향해 나아가다

이황이 경상도 풍기에 군수로 갔을 때 그곳에는 고려 말에 성리학을 들여온 안향이 배향된 백운동 서원이 있었다. 서원은 중국에서 유래한 사설 교육 기관으로 성리학의 창시자인 주자가 제자를 가르치던 백록동 서원이 특히 유명했다. 이황은 백록동 서원의 경우처럼 백운동 서원에도 국왕이 현판과 논밭을 내려 사림이 학문에 전념할 수 있도록 해 달라고 건의했다. 국왕인 명종은 1550년(명종 5년) 이를 받아들여 백운동 서원에 '소수서원(紹修書院)'이라는 친필 액(額:현판)과 서적을 하사하고 논밭과 노비를 주면서 이들 토지와 노비에 대해 면세·면역의 특권을 내렸다. 이후 전국에 봇물 터지듯 서원이 늘어나 도마다 약 80~90군데의 서원이 세워져 사림의 학문 공동체 역할을 맡아 나갔다.

옥산 서원 : 16세기 성리학자 이언적(李彦迪)을 배향한 서원. 현존하는 서원 가운데
가장 많은 책들을 서원 경내의 어서각과 서원 부근의 독락당, 천분각 등에서 보관하고 있다.
보관된 책 중에서 『정덕계유사마방목』(1513)은 현재까지 발견된 활자본으로는
가장 오래된 책으로 보물 524호로 지정되어 있으며, 이 밖에
『삼국사기』·『해동명적』 등이 보물로 지정되어 있다. 이곳은 조선 후기까지 영남 사족의
중심지 역할을 하면서 영향력을 발휘했으며, 흥선대원군이 서원 철폐령을 내렸을 때도 유지되었다.
일제 말기에 화재로 옛 건물이 소실되었으나, 곧 복구되어 오늘에 이르고 있다.

국가로부터 공인받고 온갖 특권을 누리는 서원의 등장은 조선 사회에 사림의 시대가 열린 것을 의미한다. 조선에는 지방마다 향교라는 국가 교육 기관이
있었지만 사림은 자신들의 교육 '유토피아'인 서원에서 공부한 다음 과거를 통해 출세를 꾀했다. 사림의 시대는 곧 향촌의 시대였다. 사림은 향촌 사회의
지주로서 안정된 경제적 기반을 가지고 자유롭게 성리학을 탐구하고 세상에 대한 생각을 가다듬을 수 있었다. 그들은 향약(鄕約)이나 향회(鄕會) 등을 통
해 향촌 사회 운영에 관한 생각을 모아 지방 행정에 반영시키기도 했고, 향촌 사회를 토대로 하여 국가 운영에도 참여했다. 그리하여 한양뿐 아니라 전국
에서, 공적인 영역뿐 아니라 삶의 모든 영역에서 유교 문화라는 새로운 전통이 뿌리내리기 시작했다. ◎ 22~59쪽 '조선실', 78~81쪽 '특강실'을 참조하세요.

조 선 생 활 관 1

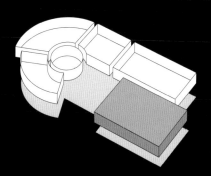

전시 PART I

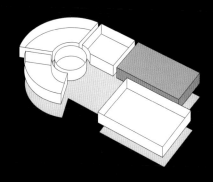

이곳에서는 새로운 유교적 전통의 창조로 나아가고 있던 조선 시대 사람들의 삶을 두 전시실로 나누어 보여 줍니다. '조선실'에서는 16세기 향촌 사회를 무대로 하여 성리학에 입각한 유교적 이상향을 건설하려고 했던 사족(士族)의 삶, 향촌 사회의 터줏대감인 사족과 때로는 갈등하고 때로는 협력하면서 중앙 정부를 대리해 향촌 사회를 관리하려고 애쓰던 관리들의 삶, 유교적 질서 속으로 들어가면서도 천년 넘게 이어온 무속 신앙과 공동체 전통을 잃지 않고 살아가던 농민의 삶을 만날 수 있습니다.

'특별전시실'에서는 유교적 전통에서 가장 중요하게 여겼던 예(禮)의 대표적인 상징물이라고 할 수 있는 종묘, 그리고 그곳에서 펼쳐졌던 왕실 제례를 통해 유교 국가 조선에서 왕실의 위상과 예의 의미를 살펴봅니다.

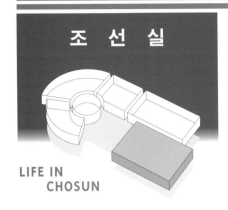

조선실

LIFE IN
CHOSUN

새로운 전통의 들머리 —16세기 조선의 향촌 사회로 들어가며—

조선은 단조롭다. '고대광실(高臺廣室)'이라던 옛 양반 집도, 서원도, 향교도, 추상 같은 수령의 불호령이 쩡쩡 울리던 읍성 안 관아도 그냥 봐서는 대단할 게 없다. 하늘을 찌를 듯한 중세 유럽의 성곽, 으리으리한 중국의 쯔진청(紫禁城), 정교한 아라비아 사원의 아라베스크 등과 비교가 되지 않는다. 고구려의 웅혼한 기상도, 고려 불화나 상감 청자의 섬세함과 화려함도 찾기 어렵다.

　　조선은 소박하다. 양반 집 목가구의 거친 결이, 사람들이 즐겨 입던 무명 옷이, 순백의 백자 그릇이 그것을 말해 준다. 아래 사진은 그처럼 소박한 양반들이 모여 살던 조선 전기의 유명한 마을. 언뜻 보기에도 이 마을의 고즈넉한 분위기는 어쩐지 아무 일도 일어날 것 같지 않고, 그 안에 사는 사람들도 꽤나 따분하고 재미없는 캐릭터를 가지고 있을 것 같은 느낌을 준다.

▲ **조선 시대 향촌 마을** : 경상북도 경주 양동 마을. 조선 전기 사대부인 손소(1433~1484)는 처가가 있는 이곳으로 이주하여 처가의 재산을 상속받아 살았다. 또 성종의 총애를 받던 성균관 생원 이번은 손소의 7남매 가운데 큰딸과 혼인한 뒤 역시 처가가 있는 이곳으로 옮겨 와서 살았다. 그의 맏아들이며 탁월한 성리학자였던 회재 이언적이 이곳에서 배출되면서 조선 시대를 풍미한 명문 양동 마을이 형성되었다. 왼쪽 위 언덕에 자리잡은 기와집은 이언적의 외숙 손중돈이 살던 관가정(26·27·30·31쪽 참조)이고, 오른쪽 큰 기와집은 중종이 이언적에게 하사한 향단(보물 412호)이다.

그러나 이러한 소박함은 사실 매우 거창한 역사적 변화의 산물이었다. 사진 속 마을이 보여주는 소박함은 이 마을에 사는 양반들, 곧 '사족(士族)'의 세계관에서 나온 것이다. 사족이란 지방 세력가였던 향리를 가리키는 '이족(吏族)'과 대응하는 이름으로, 그들은 고려의 문벌 엘리트가 추구했던 제한 없는 사치와 호화 생활을 혐오했다. 그리고 "내세에 대한 터무니없는 약속으로 대중을 호도하는" 불교를 가차없이 비판했다.

이들 사족은 절제를 강조하고 현실을 중시하는 성리학을 무기로 삼아 지주인 자신들과 경작자인 농민이 공존하는 유교적 이상향을 꿈꾸었다. 집을 지을 때 나무 자재 하나하나의 규격까지 법으로 정할 만큼 그들의 자기 절제는 엄격했다. 이처럼 자기 절제 속에 탄생한 그들의 소박한 생활 문화를 쯔진청의 거대함이나 고려 불화의 화려함과 단순 비교해 깎아내릴 수는 없다. 거기에는 범접하기 어려운 품격, 겉으로는 판단하기 어려운 정신의 힘이 깃들여 있다. 계곡 바위에 덩그러니 올려진 조선 시대 정자는 단조로워 보이지만, 그것이 거기 있는 것만으로도 계곡과 주변 경관 전체에 조화를 불어넣는 힘을 발휘한다.

이처럼 16세기 사족은 소박하지만 재미없고 꽉 막힌 사람들은 아니었다. 더 흥미로운 것은 그들의 아내. 16세기 여성은 삼종지도에 찌든 순종형이 아니었다. 그들의 당당한 생활 태도와 풍성한 의복은 전통적 여인상을 흔들기에 충분하다. 나아가 16세기 향촌은 사진 속 마을이 주는 선입견과 달리 시끄럽고 북적거린다. 각 계층의 이해관계가 충돌하는 관아에서, 그리고 여전히 다양한 옛 전통이 살아 있는 농민 마을에서, 언제나 많은 일이 일어나고 있었다.

16세기 어느 봄날, 기구를 타고 하늘 높이 올라가서 16세기 조선 향촌 사회의 어느 고을을 내려다본다고 상상해 보자.
고을이란 군(郡)·현(縣) 등으로 이루어지는 조선 향촌 생활의 기본 단위로서 그 중심에는 읍성(邑城)이 있다.
읍성은 산세가 길하고 물길이 발달한 평야 지대에 자리잡고 있으며, 읍성 안에 있는 집들은 밀도 높은 집촌을 이루고
읍내 도로 양쪽으로 배열되었다. 읍성의 통치가 미치는 지역을 '읍치(邑治)'라고 부르는데,
그 주변에는 양반 사족의 집인 반가(班家)와 농민들의 생활 공동체인 민촌(民村)이 점점이 흩어져 있다.

관아 : 수령이 거주하는 동헌과 내아를 중심으로
향리와 노비가 일하는 질청·관노청이 있고, 그 주위에는
객사·향청·옥사·향교가 배치되어었다. 수령 아래 관리는
서원(書員)·일수(日守)·나장(羅將)·차비군(差備軍)을 합쳐
62~124인이었다 (40~43쪽 참조).

읍성 : 우리 나라에서는 삼국 시대 이전부터 지방 중심지에
성을 쌓았다. 그러한 성들은 고려 말까지 토성(土城)이었으나
조선 전기에 와서 돌로 쌓는 석성(石城)으로 바뀌었다.
이 그림의 모델은 1397년에 축조된 낙안읍성으로 성벽의 둘레는
1385m이다. 현재 성벽과 동서남문 터,
옹성(甕城) 등의 시설물이 남아 있다.

민촌 : 일반 백성이 사는 마을은 읍성 주위에도 있었지만
잰걸음으로 꼬박 하루를 가야 하는 먼 곳에도 있었다.
마을은 세금과 군역(軍役) 관계로 국가의 지배를 받았지만,
공유 재산과 마을 고유 신앙, 그리고 독자적인 자치 규약을
가지고 상당히 자율적으로 운영되었다
(50~59쪽 참조).

농토 : 지력을 회복시킬 수 있는
새로운 시비법이 개발된 조선 시대에 와서야
비로소 같은 땅에 매년 농사를 지을 수 있는
연작상경이 가능해졌다.

성벽과 해자 : 조선 정부는 왜구의 침략에 대비하고자 바다 가까운 읍성의
성벽을 높이고 옹성(甕城 : 성의 양쪽에 쌓아 문을 공격하는 적을 방비하는 것)과
치성(雉城 : 성벽의 바깥에 네모꼴로 튀어나오게 벽을 쌓아 성벽에 바짝 다가선
적병을 비스듬한 각도에서 공격하게 하는 시설),
해자(垓子 : 성벽의 둘레에 도랑을 판 것)를 만들도록 했다.

산사(山寺) : 고려 때까지만 해도 사람들의 주거지에
자리잡고 있던 절들은 고려 말 사대부들의 혹독한 비판을
받고 점차 눈에 띄지 않는 산 속으로 옮겨 갔다.
그러나 조선 시대에도 불교는 현실 중심적인 유교가 줄 수 없는
정신적 위안과 신앙의 대상으로 꾸준히 제 역할을 했다.

제언(堤堰) : 향촌 사족은
농업 생산력의 발전에 큰 관심을 보였다.
이들은 농업에 가장 큰 문제인
가뭄의 피해를 막기 위해 이 같은
수리 시설을 만드는 데 힘썼다.

마을 지킴이 : 신랑 신부 행렬이
마을 어귀를 지나고 있다. 이들을 가장 먼저
맞이하는 것은 마을을 지키는 장승들이다.
조선 시대 모든 마을에는 마을 지킴이가
있었으며, 이들이 서 있는 곳부터 생활 공간인
마을이 시작된다.

반가(班家) : 양반 사족의 주거지는
지방관이 사는 읍성에서 떨어진 먼 곳에 있었다.
조선의 향촌 사회를 이끌고 가는 양대 주체인
지방관과 사족은 서로 독립성을 보장하고
불필요한 마찰을 피하기 위해
이처럼 공간적으로도 거리를 두고
살았다(26~35쪽 참조).

아침 사랑에서 책을 벗하고 저녁 정자에서 술을 벗하네

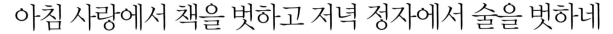

경주 양동 마을의 관가정 누마루에서는 이언적과 선비들이 모여 성리학과 시국을 이야기하고
담양의 소쇄원과 식영정에서는 정철과 선비들이 모여 시회를 벌인다.
사랑채 서재의 먹 향기와 별서 정원 뜨락의 꽃 향기 속에 선비의 나라가 조용히 펼쳐치고 있다.

경상북도 경주 양동 마을에 자리잡은 이 사랑채의 이름은 관가정(觀稼亭).
들판의 농부들이 곡식 심는 모습을 바라볼 수 있는 정자라는 뜻이다. 16세기 사대부는
이처럼 소박하고 검소하되 권위를 잃지 않고 주변 경치를 잘 바라볼 수 있는 집을 짓고
싶어했다. 고려 귀족과 달리 검약과 절제를 미덕으로 삼은 조선 사대부는
작은 공간을 이용해 소박한 살림집을 지었으며, 대신 담장을 낮게 하고 사랑채를 높여서
담장 바깥의 자연을 빌려서 즐겼다. 이러한 조경을 '차경(借景)'이라 한다.

배롱(백일홍)나무 : 이 나무는 겉껍질이 벗겨져
속살이 미끈하게 드러나는 것이 특징이다.
선비는 하루하루를 반성하고 늘 새롭게
태어나야 한다는 의미로 이 나무를 사랑채에서
잘 보이는 곳에 심고 사랑했다.

마을 : 양반가의 땅을 소작하거나 양반가에서
부리는 노비의 살림집들이 모여 있다.
양동 마을에는 양반인 손씨와 이씨의 살림집뿐
아니라 많은 노비나 소작인의 집들이 있다.
이들의 집은 주로 마을 입구에 자리잡고 있다.

들일 하는 농부들 : 선비의 하루가 명상으로
시작된다면 농부의 하루는 들일로 시작된다.
봄철이라 부족한 소와 쟁기를 이용해
때를 맞추어 마을 땅을 다 갈려면 해가 뜨기도
전에 하루를 시작해야 한다.

관가정 누마루 : 여러 사람이 만나는 공간인
정자는 신선이 사는 하늘의 공간처럼 설계되었다.
난간 아래는 인간 세계이고 위는 하늘 세계이다.
구름이 피어오르는 모양의 난간 장식과 바람 구멍이
하늘 세계를 상징한다. 보물 442호.

회재 이언적이 외숙 손중돈의 사랑채에서 잠이 깨다 ● 닭이 두어 번 홰를 치자, 이언적(1491~1553)은 몸을 일으켰다. 그는 지난밤에 외숙(손중돈)의 집 사랑채에서 잠을 청한 참이었다. 경상도 관찰사를 그만두고 한양에 올라가 공조참판을 하게 될 외숙이 그에게 하룻밤 묵고 갈 것을 요청했기 때문이다.

밖을 나서니 아직 새벽 안개마저 어둑어둑했다. 기침 소리를 내자 밖에서 기다리고 있던 하인이 질그릇 대야에 물을 떠 가지고 와서 세수를 권했다. 질그릇 대야는 검소함을 미덕으로 아는 선비의 면모를 유지하려는 외숙의 고집이었다. 외숙은 한때 서울에서 당당한 언관으로 활동하기도 했지만, 당시 사치품이던 놋으로 된 세숫대야는 쓸 생각을 하지 않았다.

정면으로 보이는 산 위로 아직 아침 안개가 낮게 깔리고, 집 뒤에는 솔숲이 검푸른 기왓골 뒤로 짙어지며 후원처럼 펼쳐져 있었다. 골짜기 아래쪽에 보이는 낮은 초가 지붕 옆으로 연기가 피어오르는데, 마당에서는 종들이 부산했다.

사랑채에 결가부좌를 하고 앉아 『소학』을 읽다 ● 방에 들어와 머리를 빗고 옷매무새를 다듬고 나니 사랑방의 단출한 가구들이 풍기는 나무 향내가 칠 내음과 섞여 코끝을 간질였다.

외숙의 사랑은 언제 봐도 단정했다. 종일 손님이 드나드는데도 번잡한 느낌이 없다. 책에서 나는 종이 냄새와 먹 내음은 복잡한 일이 많은 관직에 있으면서도 단정한 선비의 모습을 간직하고 있는 외숙의 모습과 비슷했다.

외숙이 사치를 부린다면 그 대상은 벼루와 연적이었다. 좋은 벼루와 먹, 연적을 얻으면 그 기쁨을 친구들과 술을 나누며 즐기곤 했다. 하기야 선비가 사치를 부린대 봤자 옷 입을 때 산호나 옥으로 된 갓끈을 매는 것이 고작이었다.

외숙은 아침이면 『소학』을 읽었다. 몸가짐과 마음가짐을 가다듬는 공부로 하루를 시작하기 위해서였다. 『소학』에 나오는 기본 예의범절을 늘 강조하는 외숙은 책을 읽을 때도 책상 앞에 결가부좌를 하고 똑바로 앉았다.

사랑채에서 손님 맞이를 하며 세상과 성리학에 대해 토론하다 ● 이언적은 같은 동네에 있는 자기 집으로 갔다. 이 동네는 이언적의 아버지가 손중돈의 누이에게 장가들면서 자리 잡은 곳이었다. 16세기에는 이처럼 사대부가 장가들어 처갓집에서 사는 일이 적지 않았다.

할아버지 아침 진지 드시는 것을 도와 드리고 안채로 가서 어머니와 집안일을 상의했다. 이언적은 경주 향교의 학관으로 학생들을 가르치느라고 무척 바빴지만, 아버지가 돌아가셔서 중요한 집안일은 자신이 챙겨야 했다.

점심을 먹고 나서는 다시 외숙 댁으로 건너갔다. 외숙의 사랑채는 고요하던 아침과 달리 떠나는 외숙에게 인사를 하러 온 손님들로 붐볐다. 이언적은 인사를 올리고 외숙과 손님 틈에 끼어 관가정 마루 한쪽에 앉았다. 마당에는 배롱나무가 붉은 빛을 토해 내고 있었다.

사람들의 화제는 한양에서 임금(중종)의 신임을 받고 있는 젊은 선비 조광조로 옮겨갔다. 그의 개혁이 성공하여 선비가 뜻을 펼칠 수 있는 세상이 될 것인가, 성리학자로서 주자나 육구연 같은 성현의 가르침을 어떻게 해석하고 따를 것인가 등등의 이야기가 진지하게 이어졌다.

선비의 생활 프로그램 ● 이언적의 후배인 이황의 제자들이 스승을 회고한 것을 보면 선비의 일상생활이 얼마나 엄격했는지 알 수 있다.

이황은 날이 밝기 전에 일어나 세수하고 머리 빗고 옷깃을 여민 뒤 어머니를 뵈었다. 종일 책을 마주하다가 몸이 피곤해져도 팔짱을 끼고 고요히 있거나 눈을 감고 조금 쉴 뿐, 결코 비스듬하게 기대거나 자리에 편히 눕지 않았다. 손을 함부로 놀리지 않고 남들을 거만한 눈으로 보지 않으며, 복잡한 일에 시달려도 게으른 모습을 보이지 않고 남들과 대화할 때 짜증 내는 얼굴을 보이지 않았다.

손님 접대에도 지극한 예를 갖추어 아무리 미천한 자라도 꼭 뜰에 직접 내려가 맞이했으며, 주량은 많았지만 나이가 든 후에는 자제하여 크게 취하는 일이 없었다.

⊙ 기(氣) 수련 – 선비의 건강법

하루 종일 책을 마주하고 자세를 흐트러뜨리지 않는 선비에게 건강은 중요한 관심사였다. 대부분의 선비는 의학서에 관심이 있었고, 스스로 약을 처방할 수 있는 이도 있었다. 철저한 성리학자 이언적도 "시에 빠지는 것보다는 차라리 의약과 같은 실용 기술을 익히는 것이 낫다"는 말을 했다.

건강법의 핵심은 기를 보존하고 기의 운행을 도우며 기를 기르는 것이었다. 차가운 기운에 노출되어 기를 잃는 것은 금지였다. 16세기 선비 유희춘이나 이문건의 일기(31·33쪽 참조)에서 보이는 것처럼 목욕은 차가운 기에 몸을 노출시키는 것으로 여겨 꺼렸다. 유학을 숭상하는 선비도 도가(道家)의 '양생술'에서 비롯한 간단한 체조에는 누구나 관심을 가졌다. 이황은 『활인심방』이라는 도가 서적을 베끼고 그 속에 나오는 도인 체조 요령을 직접 그림으로 그려 두기까지 했다. 또 양생술 자체에 대해서 관심을 가진 선비도 있었다. 곽재우 같은 선비는 단순한 건강에 대한 관심에서 양생술을 가까이 한 것이 아니라 그것을 통로로 삼아 도가와 노장 사상에 다가갔다. 도가적 양생술처럼 성리학자도 더러 유학 이외의 사상을 접하는 경우가 있었다. 성리학자인 문장가가 『장자』를 읽으며 그 호쾌한 문장을 즐기는가 하면, 유생이 과거 공부를 위해 절을 찾았다가 승려와 교분을 맺으면서 불교에 관심을 갖는 일도 있었다.

송강 정철이 소쇄원에 올라 선배 사림(士林)을 추억하다 ● 시선을 이언적보다 한 세대 뒤의 호남 쪽으로 돌려 보자. 16세기 후반 어느 날, 사림으로서 관직에 진출해 정권을 잡은 송강 정철(1536~1593)이 나귀를 타고 동자에게 술병 하나를 들린 채 푸른 그늘이 드리운 대숲을 지나고 있었다. 이곳은 전라도 담양에 자리잡은 소쇄원(29쪽 그림).

흠모하는 스승과 선배가 모이던 소쇄원은 어린 시절 정철에게 동경의 대상이었다. 소쇄원을 지은 양산보의 아들 양자징이 그를 마중나와서 함께 따스한 볕을 받으며 계곡을 바라보았다. 철 늦은 동백꽃 몇 송이가 짙푸른 잎 사이에 숨었다. 징검다리 건너 늙은 매화는 벌써 꽃을 떨구었고, 제월당과 광풍각(29쪽 그림) 사이로 복사꽃이 보였다. 봄은 정말 온 것일까?

정철은 제월당으로 오르지 않고 바로 광풍각에 앉았다. 바위 위에서 작은 폭포를 이루며 쏟아져 내리는 물소리가 시원한 가운데 정철과 양자징, 두 사대부는 어렵던 시절 선배 사대부들에 관한 이야기를 나누며 추억에 잠겼다.

정철의 스승 김인후와 사림 이야기 ●
호남의 사림 학풍은 순천에 귀양 왔던 김굉필로부터 시작되었다. 그들 중 일부는 조광조가 전면에 나서 개혁을 추진할 때 중앙에 나아갔다가 기묘사화(1519)로 물러났다. 정철의 스승 김인후와 소쇄원을 지은 양산보는 담양 일대에서 이

들의 맥을 이어받은 친구 사이였다.

당시 김인후는 한양 성균관에 들어가 이황 등과 사귀었고, 이를 통해 세상을 보는 안목을 높였다. 당시 임금이던 중종은 조광조를 쫓아내긴 했지만 나라를 다스리는 데 사림의 도움이 필요하다는 것을 잘 알고 있었다. 그래서 그는 김인후를 뒷날 인종이 된 세자의 스승으로 삼았다.

김인후는 인종에게 『대학』을 가르치며 그를 성리학적 군주로 만들기 위해 애썼다. 과연 인종은 사림 편을 들어 조광조의 신원(伸寃 : 억울한 죄를 풀어 줌)을 허락했으나 허무하게도 너무나 빨리 죽었고, 김인후는 고향으로 돌아왔다.

재야로 물러난 김인후는 정철 같은 제자를 기르는 데 정성을 기울이고, 때때로 나이를 떠난 벗이자 사돈인 유희춘과 양산보를 찾아가 술잔을 기울였다. 당시 김인후는 인간관계의 폭이 넓어서 태인·장성·담양 등 전라도 일대의 선비는 거의 그의 영향을 받았다고 할 정도였다.

사화(士禍)를 겪은 김인후 세대의 시회(詩會)에는 한탄과 푸념이 흐르고 ●
낙향한 김인후는 소쇄원에서 살다시피 했다. 소쇄원 담벼락에는 이곳의 모든 경치를 자세히 읊은 김인후의 시가 48수나 붙어 있을 정도였다.

이황과 인간 본성에 관한 논쟁을 편지로 주고받아 유명해진 기대승도 기묘사화 후 이곳으로 내려왔다. 그는 김인후와 함께 여기서 묵으며 종종 논객의 면모를 보여 주었다. 그런 날이면

▲ **선비의 그림 - 이정의 「묵죽도」 :** 16세기 이후 사군자(매화·난초·국화·대나무), 특히 대나무와 매화는 사대부의 정신 세계를 보여 주는 그림 소재로 사랑받았다. 이 그림은 탄력이 넘치는 강한 대나무 줄기와 길고 날카로워 고결한 기상이 느껴지는 잎을 진한 먹으로 묘사했다. 뒤편에는 연한 먹으로 흐린 대나무를 그려 대조시켰다. 세종의 현손인 이정은 대나무 그림의 일인자로 조선 중·후기 대나무 그림의 새로운 전통을 세웠는데, 임진왜란 때 왜병에게 오른팔을 다친 뒤 충청도 공주에 머물며 왼손으로 그림을 그렸다고 한다. 1622년. 119×57.3cm. 국립중앙박물관 소장.

호두나무 천판

▲ **선비의 책상 - 경상 :** 경전 두루마리가 흘러내리지 않도록 두루마리 귀를 달아 놓은 서안의 일종. 절에서 쓰던 것인데 16세기 이후 사대부의 사랑방에서도 사용했다. 불교적 엄숙미를 가진 가구를 사랑방에 들여와 사대부의 내면 세계를 다듬는 데 활용했다. 천판은 호두나무이고 나머지는 단풍나무. 18세기. 높이 34.5cm. 호암미술관 소장.

▼ **청화 백자 매죽(梅竹) 무늬 구슬 모양 연적**
청화(푸른 물감)을 이용해 백자에 매화와 대나무를 그렸다. 선비들은 벼루와 연적 등 문방구에 취향에 맞는 그림과 무늬를 그려 넣어 실용 외에 감상용으로도 썼다. 17세기. 높이 9.1cm. 호암미술관 소장.

▲ **산수 무늬 일월 벼루**
벼루는 먹과 함께 사대부가 선물로 애용한 문방구. 조선의 벼루는 중국에 사신으로 갈 때 예물로 준비해가야 할 만큼 질이 좋았지만, 조선의 사대부는 중국에서 나는 벼루를 귀하게 여겼다. 16세기. 도산 서원 소장.

▲ **소쇄원**: 양산보가 1530년에 지은 정원. 그 이름은 '맑고 깨끗한 정원'이라는 뜻이다. 기묘사화 때 스승 조광조가 유배지 화순에서 사약을 받고 죽자 양산보는 고향에 은거할 마음을 먹고 이 정자를 지었다. '별서(別墅)' 조경으로 인공적 조경을 가급적 배제하고 자연 그대로의 경치를 빌려 오면서도 대숲과 담장을 둘러 아늑한 공간을 확보했다. 그 바탕에는 유교 이념과 도연명의 사상이 깔려 있었다. 전라남도 담양. 사적 304호.

❶ 담장 ❷ 소정 ❸ 오곡문 ❹ 송시열의 필적 ❺ 매대 ❻ 제월당
❼ 도오(복숭아 동산) ❽ 광풍각 ❾ 고암정사 ❿ 부훤당 ⓫ 유정
⓬ 광석 ⓭ 상암 ⓮ 탑암 ⓯ 석가산 ⓰ 투죽위교 ⓱ 대숲

모두 밤을 꼬박 새워 토론을 벌이곤 했다.

김인후·임억령·기대승 등은 소쇄원에 자주 모여 시회를 열었다. 임억령은 을사사화에 가담한 임백령의 형이었다.

시회라고 해서 모여 앉아 시만 주고받은 것은 아니었다. 골짜기 아래 석가산 위로 보이는 바위에서는 누군가 바둑을 두었다. 또 건너편 바위에서는 누군가 거문고 줄을 골랐고, 다른 바위에서는 또 누군가 걸터앉아 운에 맞추어 시구를 부여잡으려 애를 썼다.

선비들은 이런 여가에 활쏘기나 투호 같은 놀이도 즐겼다. 먼 곳의 친구를 찾아가는 길에 주변 산수를 유람하는 것도 훌륭한 여가 활동이었다. 바둑이나 장기를 좋아하는 이들도 많았지만, 율곡 이이는 공부하는 선비가 이런 '신선놀음'에 빠지는 것을 경계했다.

그러나 정계 진출에 실패하고 낙향한 선비들에게 이런 오락은 여유라기보다는 답답함의 산물일 수도 있었다. 광풍각 위 계곡의 너럭바위에는 시국과 학문에 대한 토론을 벌이다 술에 취한 김인후·기대승이 누워 있었을 것이다. 사림이 중앙에서 뜻을 펼칠 날을 기다리며.

정권을 잡은 정철 세대의 시회에는 느긋한 가사(歌辭)가 흐르네 ● 불우했던 선배들 이야기에 시간 가는 줄 모르던 정철과 양자징은 고경명과 만나기 위해 자리에서 일어섰다. 그들은 이 근처 식영정이란 정자에서 시회를 열기로 한 터였다.

김성원·고경명·정철 등 식영정과 환벽당 등에서 모이는 선비들의 시회는 김인후 세대보다 낭만적이었다. 그들은 경전과 성리학을 놓고 토론을 벌이기보다는 당나라 때 시를 부흥하려던 움직임 따위를 놓고 이야기꽃을 피웠다.

내로라 하는 시인인 백광훈·임제가 들러서 흥취를 돋울 때도 있었다. 임제가 시 한 수로 기생 한우를 꼬여내어 하룻밤 품에 안았던 이야기를 호기롭게 늘어놓으면 모두 박장대소하며 맞장구쳤다. 또한 그가 송도 기생 황진이의 무덤가에 술을 올리고 시조를 읊은 것도 화젯거리였다. 정철도 불러온 가객과 함께 술에 한껏 취해 자신이 지은 「성산별곡」과 「사미인곡」, 「속미인곡」 등 가사를 부르곤 했다.

시회에서는 주로 한시를 주고받았고, 흥이 나면 시조를 지어 가객에게 읊도록 하기도 했다. 그러나 마음에 담긴 흥취를 풀어내기에는 우리말로 자유롭게 풀어내는 가사만한 게 없었다.

시회를 마친 정철이 계곡을 건너자, 대숲 사이로 달빛이 어른거렸다. 한쪽 개울가에는 배롱나무가 부끄러운 듯 몸을 비틀면서 매끈한 살결을 드러내고 있었다. 바야흐로 봄이었다.

양반가를 움직이는 '눈에 잘 보이는 손'

양반가의 아침은 노비가 연다. 사대부는 노비가 지은 밥을 먹고 노비가 끄는 말을 타고 외출하며
편지도 노비를 통해 전하고 쉴 때는 노비를 불러 거문고를 타게 하고 노래도 부르게 한다.
밤에는 여자 종이 잠자리를 깔아 주어 하루를 마무리한다. 아침부터 밤까지 양반가는 노비와 함께 움직였다.

사당 : 조상의 신주를 모시는 곳으로 '가묘'라고도 한다. 집의 동쪽에
정남향으로 자리 잡고 있으며 사방에 담을 둘러치고 세 군데에 문을 달았다.
신을 모시는 곳이라서 민가에서는 유일하게 단청을 입힐 수 있었다.
우리나라에서는 성리학이 들어온 고려 말부터, "사대부 집에 사당을 짓고
4대의 신주를 모시라"는 『주자가례』의 가르침에 따라 사당을 짓기 시작했다.

삼문(三門) : 사당의 출입문은
반드시 세 곳에 둔다. 왼쪽과 오른쪽은
인간이 드나드는 문이고,
가운데 문은 신만 출입할 수 있다.

16세기 초 향촌 사대부가의 모습. 높은 담장도,
위엄 있는 대문도, 즐비한 행랑도 없다. 절제를 통해
오히려 자연의 풍광을 집안 가득히 들여 안았다.
사대부의 집에는 세 가지 시간대가 공존한다.
조상신이 머무는 과거의 공간인 사당, 자녀를 낳고
기르는 미래의 공간인 안채, 학문과 사교가 이루어지는
현재의 공간인 사랑채. 현재의 공간은 남성이 지배하지만
미래의 공간은 여성이 주인이다. 이 그림은 양동 마을에
남아 있는 조선 전기의 대표적 양반가인 손중돈의
집을 모델로 했다.

안채 : 여성이 거주하는
공간. 가운데 대청마루가 있고
양쪽으로 두 개의 방이 있는데,
각각 시어머니와 며느리의 방이다.
안뜰에 꽃나무로 화단을 꾸며
대청과 안방에서 내다볼 수 있게 했다.

여성의 문 : 반드시 사당 앞으로
다니도록 하여 조상신에 대한
경외심을 잃지 않도록 했다.

부엌 : 제사와 손님 접대를 위해
늘 많은 양의 음식을 준비해야
하므로 건물 한 채를 전부 부엌으로
사용했다. 여성은 부엌문을 통해
출입한다.

제사 음식을 마련하는
곳과 손님을 접대하기 위해
마른 안주를 보관하는
마루로 된 방이 두 개 있다.

사랑채 : 남성이 공부도 하고 손님도 접대하는 곳.
누마루를 만들어 정자로 이용하며,
정자 오른쪽에는 큰 사랑방(2칸), 노비방(1칸),
작은 사랑방(2칸)을 둔다.

노비는 양반가의 재산 목록 1호 ● 사대부는 가족의 의식주뿐 아니라 손님 접대, 선물, 제사, 자식 교육 등에 많은 비용이 들었다. 따라서 품위를 유지하려면 재산을 잘 관리해야 했다.

1554년 이황은 아들 이준에게 이런 편지를 보냈다. "재산은 어쩔 수 없이 관리해야만 하지. …… 하지만 안으로 글을 익히는 데 방해가 안 되고, 밖으로 선비의 풍모를 떨어뜨리는 일도 없다면 괜찮지만, 그저 경영에만 몰두한다면 그건 시골 무지렁이나 하는 짓일 게다."

그처럼 중요한 양반가의 재산 1·2호는 노비와 토지. 유희춘에게는 100여 명의 노비가 있었고 전라도 해남과 강진에 자신과 부인 소유의 땅이 있었다. 또 이황 부부가 자녀들에게 남긴 재산은 노비 367명에 땅은 3천 마지기가 넘었다.

노비는 하는 일도 가지가지 ● 노비의 종류는 매우 다양했다. 유희춘의 경우, 집안에는 마부 몽근이, 심부름꾼 대공이, 음식을 담당하는 유지, 몸 시중을 드는 옥석이 등이 있었고, 아이에게 젖을 먹이는 유모와 바느질하는 침모도 있었다(『미암일기』).

또 가까운 곳에 살면서 농사일을 하고 주인 집 심부름도 해주는 필동, 마름 역할을 하며 해남의

농장을 관리하는 석정도 있었고, 종 노릇을 하는 대신 멀리 살면서 면포 두 필만 바치는 노비도 있었다. 나중에는 제사용 재산이 분리되면서, 묘를 지키며 제사에 관련된 잡일을 맡아 하는 '묘직노'도 생겨났다.

농사 짓는 노비들 ● 노비는 집안 일만 하는 게 아니라 들에서 주인 집 농사도 직접 지었다.

땅이 많지 않은 사대부는 주인이 노비를 부려 농사를 지었다. 보통 때는 집 주변에 사는 노비를 시켜 농사를 짓고, 모내기·김매기·가을걷이 등 일시적으로 많은 사람들이 필요할 때는 품삯을 주고 삯군을 사기도 했다.

그러나 예안·영천 등 경상도 각지에 땅을 가지고 있던 이황처럼, 땅과 노비가 곳곳에 흩어져 있는 사대부도 많았다. 주인이 일일이 챙길 수 없었던 이런 땅은 노비나 떠돌이 농민에게 맡겨 농사 짓게 한 뒤 수확물의 1/2을 받아내기도 했다(병작반수).

이황은 아들 이준이 잉질산이라는 노비에게 병작반수를 주자 이렇게 당부했다. "그 노비에게도 이익이 생겨서 꺼리지 않으면 모르지만, 속으로 원망하는데 억지로 시키지는 말거라."

그러나 생산량이 많아지면 주인도 노비를 일

일이 감독할 필요가 없고 노비도 독립적으로 농사지을 수 있었으므로, 17세기 이후 병작반수는 가장 주된 경영 방식이 되었다.

노비는 도대체 어떤 존재였나 ● 노비는 이처럼 재산, 그것도 대를 이어 늘릴 수 있는 재산이었다. 부모 중 한 사람이 노비이면 자식도 노비가 되었다. 따라서 노비가 혼인하여 아이를 낳으면, 그 아이가 누구의 소유인가가 큰 관심거리였다.

서로 주인이 다른 남자 종과 여자 종이 혼인하여 아이를 낳으면, 여자 종의 주인이 아이를 소유했다. 그래서 남자 종이 다른 주인 소유의 여자 종과 혼인하려면 자기 주인의 허락이 필요했다. 그러나 남자 종이 양인 여자와 혼인하면 그 소생은 남자 종의 주인에게 딸린 노비가 되었다. 결국 사대부 입장에서 볼 때, 여자 종은 누구와 혼인해도 좋지만 남자 종은 양인 여자와 혼인하는 게 '재산 증식'의 지름길이었다.

노비의 비중은 16세기에 가장 높았지만, 후기로 가면서 도망하는 노비가 늘어났다. 또한 병작반수의 증가로 경제적으로 자립하는 노비가 늘어나면서, 노비 위주로 운영되던 사족의 경제는 점차 토지를 중심으로 바뀌어 갔다.

노비 집 : 조선 전기에는 노비가 거주하는 행랑을 집 안에 두는 일이 거의 없었다. 집에서 부리는 가내 노비는 부르면 바로 올 수 있는 가까운 곳에 살았다.

향나무 : 사랑 마당에는 조상신을 쫓는다는 이유로 침엽수를 심지 않았지만 향나무는 제사에 꼭 필요한 향을 얻기 위해 심었다

노비 부리기 : 이황은 게을러 일을 하지 않는 노비 가운데 심한 자는 매를 쳐서라도 혼을 내야 한다고 했다. 또 땅을 받고서도 2~3년 묵혀 두는 연산과 불비라는 노비를 혼내고 그들에게 다시는 땅을 주지 말라고 하기도 했다. 동시에 노비를 너무 심하게 책망해서 그로부터 원망을 사지 말라고 경계했다.

살아서 친정 부모를 모시고 죽어서 딸의 제사를 받는다

신사임당은 친정 부모를 잘 모시고 시댁의 기강을 바로잡아 그녀가 죽은 뒤에도 남편은 새장가 갈 엄두를 못 냈다.
이문건의 누이는 어머니의 기일에 형제 자매를 자기 집에 불러 모아 경건하게 제사를 지냈다.
그런 가운데 사람마다 아들 타령을 하고 여자는 죽어서도 시댁 귀신이 되어야 하는 시대가 코앞으로 다가오고 있었다.

혼인하고 친정에서 사는 여인들 ● 신사임당은 혼인한 이후 오랫동안 남편 이원수와 함께 강릉 친정에서 살았다. 사임당의 아버지는 둘째 자식인 그녀에게 가계를 물려주고 싶어서 이원수에게 "내 자네의 처만은 곁에 두고 싶네."라고 말하곤 했다.

강원도 강릉에 있는 오죽헌은 사임당 친정의 별채로 사임당이 아들 이이를 낳던 곳이다. 조선 전기에는 이처럼 혼인한 뒤 남편과 함께 친정에서 사는 여자가 많았다.

사임당이 한양 시댁에 들어간 것은 남편이 자신의 가계를 이어받게 되면서였다. 그녀는 시어머니 홍씨가 나이 들자 남편에게 양보를 하고 강릉을 떠났다. 그리고 강릉 친정의 가계는 넷째 아우에게 맡겼다. 시댁에 들어간 그녀는 집안 대소사와 경제 활동을 주도해 나갔다.

양반댁 마님이 사는 법 ● 강릉 친정에서 사는 동안에도 사임당은 '안방 마님'으로서 여자 종을 이끌고 집안일을 하나하나 챙겼다.

여유 있는 양반가에서 음식은 찬모가, 바느질은 침모가, 아이 돌보기는 유모가 주로 했다. 그러나 안방 마님도 요리와 바느질은 다 할 줄 알았고, 제사에 앞서 제수를 마련하는 일은 안방 마님이 손수 챙겼다.

손님 접대도 안방 마님이 감당해야 할 큰일이었다. 사임당은 아내의 그림 솜씨를 보여 주고 싶어하는 남편을 위해, 그릇에 포도 그림을 그려 손님에게 주기도 했다.

안방 마님이 직접 경제 활동에 참여하기도 했다. 이황의 아버지가 돌아가신 뒤 이황의 어머니는 노비들을 부려 농사를 짓고 누에치기와 길쌈을 통해 집안 살림을 책임졌다.

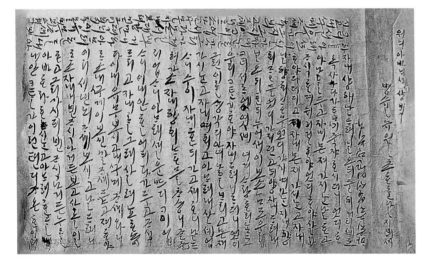

▲ **조선의 부부도 서로 사랑했을까:** "당신 언제나 내게 둘이 머리 희어지도록 살다 함께 죽자 하셨죠. 그런데 어찌 나를 두고 당신이 먼저 가십니까?⋯⋯이런 슬픈 일이 하늘 아래 또 있겠습니까? 당신은 한갓 그곳에 가 계실 뿐이지만 아무리 한들 내 마음 같겠습니까? 한도 끝도 없어 다 못 쓰고 대강만 적습니다. 이 편지 보시고 내 꿈에 와서 당신 모습 자세히 보여 주시고 또 말해 주세요. 몰래 와서 보여 주세요. 하고 싶은 말 끝이 없어 이만 적습니다." 16세기 사족 이응태의 부인이 31세로 죽은 남편의 관 속에 넣은 한글 편지. 당시 임신 중이던 부인은 자기 머리카락으로 엮은 신발과 아이 배내옷도 편지와 함께 넣었다.

머리는 두 가닥으로 길게 꼬아서 양쪽으로 틀어 올린 독특한 모습을 하고 있다. 하회탈(각시탈)의 머리 모양을 참고로 재현했다.

◀ **16세기 양반가의 안주인 :** 저고리 길이는 허리까지 오며 섶과 동정의 폭이 넓고 배래선은 거의 직선에 가깝다. 저고리에서 치마로 이어진 선 역시 '에이치(H) 라인' 이다. 후기의 복식보다 훨씬 활동적이면서 편안한 느낌을 준다.

앞 짧은 치마 : 풍성하게 주름을 잡은 치마의 앞 윗단을 접어 올려서 걸을 때 밟지지 않도록 했다. 뒤는 길게 끌리도록 하여 우아한 느낌을 주었다.

▶ 신사임당의 '가지와 방아깨비' : 식물과 나비, 풀벌레 등을 그린 8폭 병풍그림 중 한 폭. 이러한 소재는 자수 병풍에서도 활용되었다. 신사임당은 일곱 살 때부터 안견의 그림을 모방하여 그리기 시작했으며, 산수·포도·꽃·풀벌레 그림에 능했다. 정교한 묘사와 섬세한 붓선, 선명한 채색으로 여성의 청초함이 돋보인다. 신사임당, 「초충도 병풍」 일부. 종이에 채색, 34x28.3cm. 국립중앙박물관 소장.

▶▶ 이매창의 '매화' : 이매창은 신사임당의 맏딸로 활달한 필치의 글씨와 그림을 남겼다. 이매창은 병조판서로 있던 동생 이이에게 첩의 자식에 대한 차별을 풀어 주어 모자란 군역을 맡도록 하자는 의견을 냈다고 전한다. 종이에 채색. 40x25cm. 강릉시 오죽헌 시립박물관 소장.

◀ 규중칠우 : 여성이 쓰는 바느질 도구로 자·가위·바늘·실·골무·인두·다리미를 일컫는다. 찾아오는 이도, 찾아갈 이도 별로 없는 여성에게는 이들이야말로 진정한 벗이었던 모양이다. 서울역사박물관 소장.

사대부 여성의 힘 ●

사임당은 죽기 전 남편에게 새 아내를 얻지 말라고 당당히 요구했다. "주자는 아들 주숙이 장가들 나이가 못 되었을 때 부인 유씨가 죽었으나 새장가를 들지 않았다"는 고사까지 들어 가며 남편의 말문을 막았다. 이문건이라는 사대부의 처 김씨는 남편이 기생과 어울리지 못하게 하고, 아들의 혼사와 상례 등을 자기 생각대로 치렀다.

여성의 당당한 힘은 재산과 혼인 풍습을 통해서 확인할 수 있다. 조정에서는 중국처럼 시집에서 며느리를 맞이해 혼례를 치르는 '친영례(親迎禮)'를 장려했지만, 많은 사람이 신부 집에서 혼례를 치렀다. 부인은 혼인한 뒤에도 상당 기간 친정에 머물렀고, 남편은 본가와 처가를 오가며 살았다(78~81쪽 '특강실' 참조).

사임당의 아들 이이는 장가들 때 아버지·형제들과 함께 신부 집에 가서 3일간 잔치를 했다. 그리고 처가에서 살다가 이듬해에야 아내를 친정에 둔 채 외할머니를 뵈러 강릉에 들렀다.

재산은 아들과 딸에게 고르게 분배되었다. 또 여자가 시집갈 때 가져간 재산은 남편 재산과 따로 관리했다. 만약 자식을 낳지 못하고 죽으면 시댁에서는 그녀의 재산을 친정집에 되돌려 주어야 했다.

여성은 무엇을 배우고 ●

아버지에게 글을 배운 사임당은 친정에서 맏딸 이매창을 키우며 몸소 글을 가르쳤다. 이들 부녀처럼 경전을 읽고 한시를 지을 정도의 교양을 지닌 조선 여성은 여럿이 알려져 있다.

유희춘의 처 송덕봉은 시와 사(辭)를 남기고 남편에게 여자 선비라는 칭송을 받았으며, 이준경의 어머니 신씨는 아들에게 『소학』·『효경』·『대학』을 직접 가르쳤다. 또 『홍길동전』을 지은 허균의 누이 허난설헌은 일곱 살에 시를 짓고 중국에서 그녀의 시집이 간행될 정도였다.

그러나 여성 모두가 한문을 익힌 것은 아니고, 대부분은 한글을 익혀 한글로 의사 소통을 했다. 여성이 주로 읽는 것은 한글로 된 『내훈』·『삼강행실』·『열녀도』·『소학언해』 등 여성에게 교훈이 될 내용이 담긴 책이었다.

자식에게 무엇을 가르치나 ●

이이의 『성학집요』를 보면 사임당이 어떻게 태교를 했을지 짐작된다. 임산부는 자거나 앉거나 설 때 몸을 기울이지 말고, 이상한 맛이 나는 음식이나 똑바로 자르지 않은 음식은 먹지 말아야 했다. 또 이상한 것은 보지도 듣지도 말며, 밤마다 좋은 시를 듣고 바른 일만 말하도록 교육받았다.

아이가 태어나면 풀솜으로 몸을 닦아 주고 감초 물과 꿀을 먹여 해독한 뒤 젖을 잘 빨도록 했다. 태는 잘라 양기 많은 동쪽에 매달아 태우고 그 재를 항아리에 담아 은밀한 장소에 묻었다. 생후 4일이 지나 복숭아·자두·매화의 뿌리를 끓인 물로 아기를 목욕시킨 뒤 옷을 입혀 포대기에 쌌다. 산모의 젖이 부족하거나 건강이 나쁘면 유모에게 젖을 먹였다. 그런 다음 이름을 짓고 돌잡이를 통해 아이의 건강과 미래를 점치며 아이가 크는 과정을 자세히 관찰했다(이문건, 『양아록』·『묵재일기』: 72쪽 '가상체험실' 참조).

아이는 오른손으로 밥을 먹고, 사내는 빠르게, 여자는 부드럽게 말하도록 가르쳤다. 6세에 숫자와 방위를 가르치고, 7세부터 남녀를 구분하도록 하며, 8세에 어른과 아이의 차례를 가르치고, 9세에는 날짜를 헤아리도록 했다. 사내아이는 10세가 되면 잠도 사랑채에서 자게 했으며, 13세가 되면 본격적인 교육을 시작했다(『성학집요』).

▲「회혼례도」: 혼인 60주년을 맞아 치르는 회혼례를 기념 사진처럼 꼼꼼히 기록한 5폭짜리 화첩 중 한 폭. 큰 대청마루 안쪽에 주인공 노부부가 앉아 있고 그 좌우에 남녀가 서열 순으로 2열로 자리잡고 앉아 각각 독상을 받고 있다. 회혼례는 자식들이 모두 살아 있어야 치렀으며, 17세기 이후에 성행했다. 18세기. 작자 미상. 비단에 채색. 33.5×45.5cm. 국립중앙박물관 소장.

제사 이야기 ● 16세기까지는 부모가 죽으면 자식들이 딸 아들 구별 없이 부모의 유산을 고루 나누어 물려받고 제사도 돌려 가며 지냈다. 이를 '윤회봉사'라고 한다.

유희춘·이문건 등 16세기 사대부의 일기를 보면 절에서 제사를 지내는 일도 있었다. 특히 여성의 친정 제사 때 그러했다. 그럴 경우 암자를 짓고 묘 지키는 일을 승려에게 맡기곤 했다.

그러나 점차 암자를 대신해 '제사'라는 건물을 짓고 묘직노라는 노비를 두어 조상의 묘를 돌보게 하는 일이 늘어났다. 17세기 후반에 이르면 불교 암자에 묘를 맡겨 돌보도록 하는 일을 아예 법으로 금지하게 된다.

사대부가 제사를 지내는 대상은 처음에는 할아버지대나 증조부대까지로 한정되어 있었다. 벼슬이 높아도 3대조까지만 제사를 모시도록 했던 것이다. 그러나 16세기 말부터 영남 지역 사족을 중심으로 『주자가례』에 따라 4대조인 고조할아버지까지 제사하는 사례가 늘어났다. 나머지 지역에서도 17세기부터는 이처럼 4대조까지 제사하는 '4대 봉사'가 자리잡았다.

이문건의 형제 자매가 돌아가며 제사를 지내다 ● 1545년 초5일 이문건의 어머니 기일. 이번 차례는 한양 청파에 있는 이문건의 누님 댁이었다. 형제 자매와 가족이 한자리에 모였다. 어머니 신위는 서소문 집에 모셔져 있었지만, 제사는 신위를 모시지 않고 대신 누님 댁에서 지방을 써서 지냈다. 제사를 끝내니 해가 이미 높았다. 지방을 불태우고 상을 물렸다. 그러자 누님이 들어와 함께 식사했다(『묵재일기』).

유산 분배와 제사에서 아들 딸이 없었던 것처럼 족보에도 남녀 자손을 함께 실었다. 『안동 권씨 성화보』(1467), 『문화 유씨 가정보』(1562) 등 16세기까지 만들어진 족보를 보면, 아들 딸 가리지 않고 태어난 순서대로 실려 있으며 혼인한 딸의 후손도 빠짐없이 기재되었다.

율곡 이이가 맏형만 제사 지낼 것을 제안하다 ● 1566년. 이이의 아버지 이원수가 죽은 지 5년 만에 형제 자매와 그 가족이 한자리에 모였다. 부모가 남긴 재산은 고루 나누기로 이미 합의된 상황. 남은 문제는 제사를 누가 어떻

게 지낼 것인가였다.

이이는 당시 관행이던 '윤회봉사'에 반대했다. 부모의 신위를 모시는 가묘가 맏형 이선의 집에 있으므로 맏형이 제사를 맡는 게 좋다고 봤던 것이다. 이것을 '장자봉사'라고 한다.

※ '가묘'에 관해서는 65쪽 '특별전시실' 참조하세요.

그런데 재산은 여러 형제가 고루 가져가면서

❺ 필집은 맏형인 이선이 맡고 서명은 남편들이 딸들을 대신해 맡았다. 셋째 딸은 당사자로 회의에 참여했으나 서명란은 비워 두었고 서모 권씨는 재산을 분배받았지만 서명에 참여하지 않았다.

❻ 서모 권씨의 몫이다. 서모란 아버지의 첩으로 정부인이 아니었으므로 토지와 노비 모두 자녀들보다 적은 몫을 받았다.

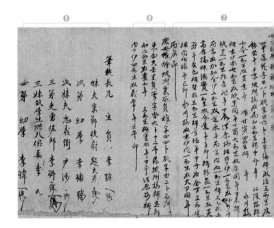

번거로운 제사만 맏형이 책임진다면 형평성에 문제가 있었다. 그래서 논의 끝에 제사는 맏형의 종갓집에서 지내되 제사 비용은 아들 딸이 각각 쌀 10말씩 부담하기로 했다. 비용뿐 아니라 형제 중 한 명이 맏형 이선과 의논하여 제사를 주관하고, 맏형 집에서 제사를 지내기 어려우면 그 형제의 집에서 지내기로 했다.

이것은 '윤회봉사'가 '장자봉사'로 옮겨 가던 시대의 한 풍속도이다. 그러나 여기에서도 형제 자매가 유산을 골고루 상속하고 제사 비용을 공동으로 부담하는 등 '윤회봉사'의 실질적인 모습은 그대로 남아 있었다.

가묘를 중심으로 부계 혈통이 자리잡아 가다 ● 처가가 있던 황해도 해주에 자주 내려가던 이이는 1577년 해주 부근 석담에 자리잡았다. 그리고 맏형이 세상을 떠나자 형제를 포함해 친정에 가 있던 형수와 조카 등 100여 명의 가족을 불러 모았다.

그 옛날 9대가 함께 모여 살았다는 장공예란 사람의 가족 마을이 그의 모델이었다. 이 마을은 가묘와 부모에 대한 제사를 중심으로 모인 부계 가족 마을이었다. 이이는 친정에서 불러온 형수를 집안의 어른이요 제사의 주인으로 세우고 어머니처럼 받들어 모셨다.

재미있는 것은 그가 '처갓집' 근처에 자신의 형제를 끌어모아 놓고는, 조상 제사를 중심으로 이상적인 '부계(父系)' 확대 가족 공동체'를 만들려고 했다는 것이다.

제사에서 아들과 딸을 차별하기 시작하다 ● 17세기로 넘어가면 맏아들이 제사를 주관하는 것은 물론이요, 딸의 재산 상속분을 줄이는 일도 생겼다. 사위는 몰라도 외손이 4대까지 제사를 지내기는 어렵다는 것이 그 이유였다.

족보에도 변화가 생겼다. 17세기부터 딸의 후손에 대한 기록이 3대 이하로 한정되기 시작했다. 어떤 족보에서는 태어난 순서와 상관없이 아들이 먼저 나오고 딸은 뒤에 기록했다.

아들 형제는 17세기까지는 아직 재산을 고르게 상속받았지만, 이것 역시 점차 맏아들이 많이 갖도록 바뀌어 갔다. 제사권을 가진 맏아들이 가계를 계승한다는 가부장적 '종법 질서'가 서서히 꼴을 갖추어 갔던 것이다.

아들도 옥석을 가리기 시작하다 ● 16세기까지는 아들이 없을 경우 외손이나 사위를 양자로 삼아 재산과 제사를 함께 물려주었다. 또 형이 자손 없이 죽으면 아우가 가계를 계승했다.

딸과 그 가족이 재산과 제사권에서 소외되면서 이런 일은 점점 줄어들었다. 장남에게 아들이 없으면 친조카나 가까운 친족 조카들 중에서 양자를 들여서라도 아들을 만들었다.

아들도 다 같은 아들이 아니었다. 첩에게서 난 아들인 서자는 아들 취급을 하지 않았다. 이언적에게는 유배지까지 자신을 따랐던 충직한 서자 이전인이 있었다. 그러나 이언적은 같은 항렬인 사촌 형제의 아들 이응인을 아들로 입양하여 자기 제사를 받들도록 했다.

◀ 백자 흑상감 묘지
15세기 여인 정씨의 묘지(墓誌). 2남 4녀의 인적 사항이 적혀 있어 15세기 가족관계를 잘 보여준다. 20.4×38.6cm. 국보172호. 호암미술관 소장.

▶ 백자 상감 풀꽃 무늬 편병
위에 소개한 정씨의 백자 흑상감 묘지(墓誌)와 함께 발견된 백자. 고려 백자의 계통을 이은 것으로 비교적 낮은 온도에서 구운 조선 초기의 무른 백자. 지방에 있는 가마에서 구운 것으로 경기도 광주 관요에서 나온 강한 필치의 백자들과 비교된다. 높이 22.1cm, 입지름 3.7cm, 밑지름 7.7cm. 호암미술관 소장.

▼ 율곡 남매 분재기 : 아버지 이원수가 죽고 5년 만에 맏아들 이선 등 이이의 형제 4남 3녀가 모여 부모에게 물려받은 재산을 의논해 나누고 그 사실을 기록한 것. '재산을 나눈 기록'이란 뜻의 분재기에는 이 사진과 같은 「화회문기」와 부모가 생전에 유언 등의 형식으로 자식들에게 상속분을 정해 나누어 준 것을 기록한 「분급문기」 두 가지가 있다. 「화회문기」는 합의에 참가한 인원 수대로 작성해서 서명한 뒤 각자 한 부씩 보관했다. 1566년. 48×257cm. 보물 477호. 건국대 박물관 소장.

❼ 넷째 아들 이위의 몫. 이위는 이우라는 이름으로 알려져 있으며 시서(詩書)와 거문고에 밝았다.

❻ 셋째 딸인 고 홍천우 처의 몫. 남편이 살아 있는 맏딸과 둘째 딸은 각각 남편이 참여하여 서명했는데, 셋째 딸은 본인이 직접 회의에 참여했다.

❺ 이이의 몫. 당시 이이는 벼슬길에 올라 이조좌랑으로 있었다.

❹ 맏딸인 이매창의 몫. 형제 자매의 순서는 남녀를 가리지 않고 나이 순으로 했다. 재산도 남녀나 형제의 서열과 상관없이 거의 고르게 분배했다.

❸ 맏아들 이선의 몫. 논밭을 먼저 기록하고 노비를 기록했는데, 노비를 기록할 때는 사는 곳, 부모, 나이 등을 적었다.

❷ 제사 문제를 논의하여 그 결과를 기록한 부분. 경기도 파주에 있던 집을 제사를 위한 '봉사조'에 포함시키고 묘직노도 마련했다. 제사 비용의 분담, 제사 장소 등도 합의했다.

❶ 재산을 나누기 위한 모임의 경과와 분배의 원칙을 기록한 부분. 기록에서 빠진 노비를 찾아낸 사람에게 먼저 상으로 노비 한 명을 준 다음, 나이 순서대로 나누자는 합의가 이루어졌다.

이 끈을 쥐고 술병을 들어 보세요
백자 철화(鐵火) 띠무늬 병.
나팔처럼 벌어진 입, 좁아져 잘록한 목,
볼록한 몸체의 아랫부분. 힘차고
당당하면서도 안정감 있는 형태를 지닌
조선 전기 백자 병의 특징이 잘 드러나 있다.
목을 한 바퀴 돌려 감은 띠 한 가닥이
어깨에서 한 번 휘어져 비스듬히 내려와
둥글게 말렸다. 이 병이 술병이란
점을 생각하면 이 띠는 술병에 매다는
끈을 묘사한 것으로 보이며,
조선 도공의 해학 정신을 엿볼 수 있다.
15·16세기. 높이 31.4cm. 입지름 7cm.
밑지름 10.6cm. 보물 1060호. 국립중앙박물관 소장.
※ '철화' 기법에 관해서는 **39쪽 참조.**

선비 정신을 담는 그릇

朝鮮白瓷

조선 백자

과거 급제자, 물고기 : 15세기 청화 백자 항아리 (보물 788호)의 무늬. 중국 원나라 무늬를 모방한 것이지만 붓놀림이 활달하고 거침없는 것이 조선적인 느낌을 준다. 피라미는 어린 시절, 잉어는 과거 급제를 뜻해 어린 시절의 공부를 마치고 마침내 과거에 급제한다는 뜻을 담고 있다.

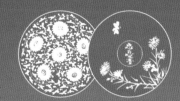

중국 꽃과 조선 꽃 : 15세기에 제작된 '전접시' 라 부르는 제례용 그릇. 왼쪽은 중국의 영향을 받은 것으로 여섯 개의 보상화를 중심으로 당초 무늬를 빼곡하게 그렸다. 오른쪽(보물 1056호)은 들국화와 귀엽게 낱갯짓하는 풀벌레를 간결하고 여유 있게 표현한 작품으로, 조선적인 서정성이 듬뿍 깃들어 있다. 근심을 잊는 받침이라는 뜻의 '망우대' 라는 글씨가 적혀 있다.

‖ 철 화 백 자 - 갈 색 미 학 ‖

백자 표면에 철분이 들어간 적갈색 안료를 이용하여 무늬를 그린 백자. 이렇게 무늬를 그리면 갈색과 흑갈색을 띠게 된다. 15세기부터 시작되었으나 일반적인 그릇으로 활용된 것은 17세기 이후의 일이었다. 철화 백자의 무늬로는 포도와 함께 풀이나 꽃, 용 등이 주로 그려졌다. 조선 중기 이후에는 철화만을 단독으로 이용하지 않고 진사·청화를 함께 사용하는 경우가 많았다.

갈색 풍성함을 담아 : 백자 철화 포도 무늬 항아리. 백색 유조에 철화로 포도 그림을 그린 항아리. 전면에 가늘고 치밀한 금이 가 있다. 목에서 시작하여 밑으로 늘어진 포도 가지와 포도송이가 화폭에 그린 포도를 보는 듯 뛰어난 필치로 그려져 있다. 그 밑에 지나치게 욕심 부리지 않고 항아리의 멋진 공간을 넓게 남겨 둔 구도가 탁월하다. 얇은 목과 넓게 퍼진 어깨로 당당한 양감을 주는 대작이다. 17세기, 높이 53.8cm. 국보 107호. 이화여자대학교 박물관 소장.

푸르른 절개를 싣고
청화 백자 송죽 무늬 '홍치이년' 새김 항아리. 고려 때 만들어진 매병처럼 입구와 항아리 윗부분은 볼록하다가 점차 좁아진다. 발색이 뛰어난 청화 안료를 사용하여 원말~명초 북종 화가의 영향을 받은 소나무와 대나무 그림을 꽉 채워 놓았다. 15세기. 높이 48.9cm. 국보 176호. 동국대학교 박물관 소장.

‖ 청 화 백 자 - 파 르 스 름 함 의 미 학 ‖

순도 높은 순백의 그릇 표면에 코발트계 청색 안료로 그림을 그리고 그 위에 투명하고 파르스름한 장석 계통 유약을 씌운 다음에 구운 백자. 1428년부터 명나라 황실을 통해 정식으로 들어오기 시작했다. 중국을 통해 수입한 안료인 '회회청'을 이용하여 만들다가 세조 이후 독자적 안료를 개발했다. 초기에는 주요 무늬로 그림 무늬, 접시 테두리와 항아리의 아가리 부분 및 어깨 부분에 넣는 종속 무늬로는 연꽃잎 무늬 등을 새겼다. 15세기 후반에 이르면 이러한 종속 무늬가 완전히 소멸하고 그림 무늬만 남는다.

'전(殿)' 자 나무 패에서 관노까지, 관아 식구 다 모여라

시선을 읍성 안 관아로 돌리면, 수령을 보좌하는 향리와 기생, 노비 들이 곳곳에서 자못 분주히 움직인다.
수령은 부임하면서부터 임금을 상징하는 나무 패에 절하는 것으로 자신의 힘을 과시한다.
이 고을 터줏대감인 사족(士族)과 민(民)은 수령 앞에 고개를 숙이지만 한편 경계의 눈초리도 늦추지 않는다.

▲ **조선의 지방 행정 구역** : 우리 영토의 경계와 지방
각 도의 이름이 지금 모습으로 확정된 것은 조선 전기였다.
고려 때부터 있던 경상도와 전라도 외에 충주와 청주에서
이름을 딴 충청도, 강원도(강릉＋원주) 등 8도를 두었다.
그 아래에는 4부(府), 4대도호부(大都護府), 20목(牧),
43도호부, 82군(郡), 125현(縣)이 있었다.
읍성은 바로 이러한 부·목·군·현의 행정 중심지였으며,
전국에 330여 곳이 있었다. 부와 목은 부사와 목사, 군과 현은
군수와 현감이 다스렸다. 사진은 중종 때 편찬된 지방 지리지의
결정판, 『신증동국여지승람』에 실린 「팔도총도」.

수령 자리를 찾는 사람들 ● 흔히 '사또'라
고 불리는 수령은 군현을 다스리는 지방관. 한
양에 있던 관리가 수령에 임명되면 임금에게 하
직 인사를 올리고 낙향할 채비를 갖춘다. 도성
을 떠나 멀리 지방으로 가는 일이었지만, 그런
수령직을 원하는 중앙 관리도 적지 않았다.

임진왜란 때 재상으로 유명한 유성룡은 1580
년 다음과 같은 상소를 올렸다.

"노모의 병세가 해마다 나빠지고 있습니
다. 이제 1년만 지나면 칠순을 맞이하는

나이로, 자리에 누워 다른 사람의 봉양을 받아
야만 숨을 이어 나갈 수 있는 처지입니다. 그런
데 가계가 궁핍하여 노모를 모시기 어렵고, 10
년 동안 관직에서 소인 자신의 영예를 좇느라
어머님을 하루도 제대로 봉양하지 못했으니, 특
별히 은택을 내려 주시어 외직(外職 : 지방 수령
직)에 나아가 노모를 모실 수 있게 해주십시오."

이런 종류의 상소를 지방 고을의 수령 자리를
구걸한다는 뜻에서 '걸군소(乞郡疏)'라고 부른
다. 유성룡은 왜 이런 상소를 올렸을까?

신관 사또가 고을 경계에 도착하기 전부터 향리를 비롯한 관아의 일꾼들은 바쁘게
움직여야 했다. 현직 유향소 임원(45쪽 참조)과 향리, 관노비(官奴婢), 군관(軍官) 등
읍성에서 활동하며 살고 있는 이들은 수령의 부임에 동참해야 했다. 어떤 향리는
진작에 수령을 따라붙어 아예 한성부에서부터 수령을 모시고 내려오기도 했다.
고을 백성들은 수령의 행차가 지나는 길가에 나오거나 멀찌감치 행렬이 보이는
곳에 모여 구경했다.

수령 자리의 경제학 ● 한양의 관리가 받는 녹봉은 가장 하위직인 종9품직도 먹고 살 만큼은 되었다. 그러나 한양에 미리 변변한 거처를 마련하지 못했을 경우에는 더 높은 관리라고 해도 식솔을 거느리기가 여유롭지 않았다.

반면 지방 고을의 수령은 벼슬아치로 살아가는 데 필요한 모든 물품을 그 고을의 운영비로 마련할 수 있었다. 따라서 일단 수령으로 부임하면 친족을 비롯한 식객을 먹여 살리는 데 별 어려움이 없었다. 나아가 친지들에게 시도 때도 없이 곡물·특산물·기호품 등을 선사할 수도 있었다. 그러므로 유성룡처럼 노모를 잘 모셔 '효'를 다하고자 수령 자리를 찾는 사람들이 있었던 것은 당연한 일이다.

수령 자리의 정치학 ● 수령이 임금에게 올린 문서인 장계에는 종종 '죄를 기다린다'는 뜻의 '대죄(待罪)'라는 표현이 나온다. 수령은 왕명의 대행자로서 혹시라도 왕에게 누를 끼치는 행위를 했을까 두렵다는 뜻이다.

이처럼 수령은 왕의 대리인으로 조선 왕조의 입장에서 절대적 권위를 갖는 게 필요했다. 이를 법적으로 뒷받침하기 위해 마련한 것이 1420년(세종 2년)의 '부민고소금지법'이었다. 이것은 수령과 감사를 고을의 사족이나 일반 백성이 고소하지 못하도록 하는 법이었다. 역적 모의나 불법 살인의 경우에만 예외였다.

향촌 사회를 자기들 방식으로 이끌어 나가고 싶었던 사족에게는 분명 불리한 법이었다. 그래서 우여곡절 끝에 1554년(명종 9년) 이 법의 개정이 이루어져, 고을 사람들 자신의 억울한 사정이 있으면 이를 고소할 수 있게 했다. 이것은 16세기 들어 사족의 힘이 커지면서 나타난, 의미 있는 변화였다.

오는 수령, 떠나는 수령 ● 신관 사또가 부임하는 고을 입구에

는 이끼 긴 채 세월의 때를 입은 송덕비가 간간이 눈에 띈다. 전임 사또의 덕을 기리는 비석이다. 신관 사또에게 고을을 평안하게 다스려 달라는 뜻도 있으리라.

그런데 한쪽에서 햇빛을 받아 반짝이는 새 송덕비가 눈에 확 들어온다. 막 고을을 떠난 구관 사또의 것. 신관 사또는 속으로 읊조렸을 것이다. "내 저보다 빛나는 송덕비를 남기리라."

고을 단위의 신구 수령이 만나는 이취임식 같은 것은 따로 없었다. 구관 사또의 행정 기록은 상부에서 세심하게 검토하는 '수령 해유(解由)'라는 과정을 거친 뒤 신관 사또에게 넘겨졌다.

그러나 한 도를 맡아서 책임지는 관찰사(감사)는 도 경계에 모여 '교귀(交龜) 행사'라는 임무 교대식을 가졌다. 경상도의 경우에는 문경새재(조령)의 중간, 용추폭포 옆 교귀정이란 곳에서 신구 관찰사가 만나 도장과 병부(兵符 : 사진)를 주고받고 각종 문서를 함께 살펴보는 교귀 행사를 벌였다고 한다.

가마 : 수레처럼 말이 끌도록 했다. 지방관이나 사족의 행차는 주로 가마를 이용했는데, 가마는 품계에 따라서 탈 수 있는 등급이 정해져 있었다.

김홍도의 「안릉신영도」를 모델로 재현했다. 「안릉신영도」에는 각종 깃발을 든 기수 48명이 앞장을 서고 그 뒤에 군대와 악대, 집사, 아전과 노비, 기생 등 수많은 수행원이 따른다. 행렬의 길이는 그림에서도 거의 6m에 이른다. 수령의 행차는 읍성에서 5리 떨어진 곳에 마련된 '오리정(五里亭)'에서부터 시작되었다.

경저리 : 향촌과 한양 사이의 연락을 담당하는 관리. 한양에서부터 신임 수령을 보위하며 내려오는 길.

옹성 : 적군이 쳐들어왔을 때 공격당하기 쉬운 성문을 외부로부터 보호하기 위해 성문 앞에 둥글게 또는 네모지게 한 겹 더 쌓은 성벽을 옹성이라고 한다. 옹성이란 명칭은 그 모양이 반으로 쪼갠 항아리와 같아서 붙여진 것이다.

◀ 병부와 병부 주머니
지방관이 부임할 때 하사받는 표지. 한쪽에는 '발병(發兵 : 군사 동원)'이란 글자를, 다른 한쪽에는 부임 지역을 적었다. 왕은 병부를 둘로 나누어 지방관에게 오른쪽을 주고, 왼쪽은 징병이 필요한 때에 확인을 위해 명령서와 함께 내려보냈다. 사진은 경상도 창녕 도호부의 것. 병부는 주머니에 넣고 띠에 매달아 찼다.
병부 길이 7.5cm, 두께 6mm.

❶ 객사(客舍) : 전패를 모셔 두던 곳. ❷ 선화당(宣化堂) : 전주 부윤 겸 관찰사가 집무하던 공간. 군현 관아의 동헌에 해당. ❸ 내아(內衙) : 전주 부윤의 가족이 거주하는 사택. 동헌과 대칭해서 서헌이라고도 한다. ❹ 경기전(慶基殿) : 태조의 영정을 모셨던 진전(眞殿). ❺ 풍남루(豊南樓) : 2층의 문루로 이루어진 관아의 남문. ❻ 질청(作廳) : 아전의 집무처. ❼ 향청 : 유향소의 전신. 재지 사족이 주도하는 향회가 열리는 곳. ❽ 옥(獄) : 둥근 담장으로 둘러싸여 있다. 주변에 민가 등 다른 건물이 보이지 않는, 특별히 외진 자리를 잡아 세웠다. ❾ 민가 : 성 안팎으로 빽빽하여 번화한 읍성의 면모를 보여 준다. ❿ 향교 : 지역 양반 유생들을 위한 일종의 국공립 고등 교육기관. 모든 읍성에는 향교가 있으며 지역에 따라 성안에 둘 수도, 성 바깥에 둘 수도 있다.

신관 사또 납시오 ●

수령직을 본격적으로 시작한 사또의 첫 임무는 객사를 찾아가 전패(殿牌)에 절하는 일이었다. '전패'는 임금을 상징하는 '전(殿)' 자를 새긴 나무 패를 가리킨다.

그런 다음 동헌으로 나아가 향리를 비롯한 관아 식구의 인사를 받았다. 읍성에서 꽤 많이 떨어진 양반 마을을 찾아가 힘있는 사족에게 인사하는 일도 빼놓을 수 없었다.

'부임 기념'으로 고을 백성의 호소를 들어 주는 일도 했다. 전임 수령 밑에서 해결되지 않고 있다가 이때 쏟아져 나온 민원은 재산 소송에서부터 향리의 탐학에 이르기까지 매우 다양했다.

이호예병형공, 6방 대령이오 ●

아전이라고 불린 향리는 읍성 안에 거주하면서 수령에게 필요한 도움을 주었다. 그들은 지방 행정의 달인이었고 관내 백성을 살릴 수도 죽일 수도 있는, 작지만 매운 권력을 누렸다.

'수리(首吏 : 향리의 우두머리)'인 이방은 고을 실정을 파악하고 규율을 세웠으며, 호방(인구와 세금·재정 등), 예방(의례·제사·학교 등), 병방(군사), 형방(법률), 공방(토목·기술)이 뒤따랐다.

형방에 딸린 형리는 고을 백성이 평상시 가장 마주치기 싫어한 아전이었다. 죄가 있든 없든 형장에서 형리를 마주치는 것은 생각만 해도 몸서리나는 일이었다. 형리는 민·형사 사건에서 소장인 '소지(所志)'를 접수하고, 심리 과정과 판결에 관여했으며, 필요하면 직접 소송 당사자와 함께 현장 답사를 하기도 했다.

허참 – 아전의 신고식 ●

아전은 엄격한 내부 규율을 세우고 이를 지킬 것을 서로 다짐했다. 신참 아전은 기존의 선배들과 한자리에 같

◀ **수령을 위한 지도** : 수령은 고을의 형편을 기록한 지도를 관아에 속한 화원에게 그리도록 하여 자기 자리 바로 뒷벽에 붙여 두고 수시로 살펴보곤 했다. 지도에는 동서남북으로 자리잡은 관내 여러 면(面)의 이름 및 읍성과의 거리, 이웃한 고을들에 관한 정보 등이 그려져 있었다. 사진은 통치에 필요한 시설들을 크게 과장해서 그린 18세기 전주부 지도. 읍성과 주변의 산세·도로·하천·관아 건물 등은 크고 상세하게, 민가는 간략하게 그렸다. 읍성 주변 곳곳의 만개한 복사꽃이 정보와 회화성을 모두 살린다. 관공서를 상세하게 그린 덕에 당시 관아의 건물 배치를 확인할 수 있어 읍성과 관아를 이해하는 데 도움이 된다. 서울대학교 규장각 소장.

이 앉는 것을 허락받는 '허참(許參)'이라는 과정을 거쳐야 했다. 이런 일종의 '신고식'은 사대부가 관직에 나갈 때도 똑같이 거치는 것으로 '면신례(신참을 벗어나는 의식)'라고 했다. 그리고 나이가 들어 퇴임하는 아전에게는 정성스럽게 공경례를 올렸다.

아전 직책은 대체로 자식들에게 세습되었고, 자제들에게 아전 일을 교육하는 내용과 방식도 정해져 있었다. 아전 노릇을 하려면 문자 해독은 물론 글짓기·서사(書寫 : 베껴쓰기) 등에 능숙해야 했다. 또 관청과 관청 사이에 오가는 공문서와 개인이 관아에 제출하는 사문서의 형식과 쓰는 법도 잘 알아야 유능하다는 말을 들을 수 있었다. 이러한 문서의 서식과 문투에는 일정한 격식이 있었는데, 후기에 나온 『유서필지(儒胥必知)』라는 책에 실려 전한다.

관아에 딸린 기생, 관기(官妓) 대령이오

● 기생의 신분은 노비와 같은 천민이었다. 관아에 딸려 춤추고 노래하며 가야금을 뜯던 기생, 즉 관기는 고려 말부터 있었다고 한다. 『경국대전』에 따르면 관원은 기녀를 범할 수 없었지만, "관기는 공물"이라는 불문율 때문에 수령이나 감사의 수청을 드는 경우가 많았다.

또 관기의 딸은 '수모법(隨母法)'에 따라 관기가 되었다. 같은 천민이지만 관기와 여자 종인 관비(官婢)는 엄연히 구별되었다. 충청도 금산의 한 수령은 감사가 자기 관아를 방문했을 때 관비를 치장시켜 관기라고 내놓았다가 수령직에서 쫓겨난 사례도 있었다.

관아에 살면 노비도 백성보다 위? ─ 관노(官奴) 대령이오

● 관노청은 관아에 딸린 종들이 일하거나 쉬면서 명령을 기다리던 공간. 이들 관노가 없으면 관원의 먹을거리 조달을 비롯해 빨래나 청소 같은 각종 허드렛일을 할 사람이 없으므로 관아가 굴러갈 수 없었다.

정약용은 『목민심서』에서 관노가 하는 일을 소개하고 있다. 수령의 시종 역할을 하는 '시노'는 종일 뜰에 서서 잠시도 떠날 수 없었고, '수노'는 물자의 구입을 책임졌다. 이들말고도 먹을거리를 마련하고 창고를 정돈하고 마구간을 관리하는 여러 부류의 관노가 있었다.

관노는 관의 소유 재산으로서 '구(口)'라는 단위로 천하게 헤아려졌지만, 수령이라고 해도 그 목숨을 함부로 빼앗지는 못했다. 또한 관의 위세를 빌려 마을을 돌아다니며 질탕한 대접을 받을 수도 있었다. 그들은 종종 시장 상인이나 점촌(店村) 등 힘없는 백성이 사는 곳에 가서 사람들을 괴롭히기도 했다.

관노는 자기 재산을 모을 수도 있어 토지와, 심지어는 다른 노비를 소유하기도 했다.

▲ **동헌** : 객사 다음으로 중요한 건물로서 수령이 정무를 집행하던 곳. 이곳에서 향리들을 거느리고 부세·소송·행정 등을 처리했다. 지방관과 식솔이 생활하는 장소인 내아와 구분되어 보통 그 동쪽에 자리잡고 있었기 때문에 동헌으로 불리게 되었다. 군현의 크기와 시대에 따라 조금씩 다르지만 보통 3, 4층 석축(石築) 위에 정면 6~7칸, 측면 4칸의 목조 주심포 구조에 팔작 지붕을 올린 장중한 체제를 갖추고 있었다. 충청남도 해미읍성 소재.

▲ **질청** : 이방을 비롯한 아전들이 모여 업무를 처리하던 청사. 그 유래는 고려 시대까지 올라간다. 중앙에서 파견된 외관(外官)이 머물지 않는 군현에서는 향리, 곧 아전들이 고을 대소사를 관장했는데, 이들은 '읍사'나 '현사'라고 불린 청사에 모여서 각종 공무를 처리했다. 전라북도 고창읍성 소재.

▲ **객사** : 왕의 전패를 모셔 놓아 관아에서 가장 중요한 건물. 객관이라고도 부르며 주위에 담장을 친 독립된 공간으로 읍성 북쪽에 마련되어 있다. 궁궐과 마찬가지로 색색의 단청을 입히고, 잘 다듬은 돌로 높은 기단을 쌓았다. 왕명을 받드는 사신이나 고을을 찾아오는 빈객의 잠자리로 이용되었고, 전패는 중앙 마루 안쪽에 모셔 두었다. 전라북도 고창읍성 소재.

하나이면서도 둘이고 가까우면서도 먼 사이

선비(土)가 벼슬을 하면 대부(大夫)가 된다. 그러니까 사또는 한때 선비였고 선비도 언젠가는 사또가 될 수 있었다.
향촌 사회에서 선비는 향시를 통해 벼슬길에 발을 디딛고, 향회에서 사또와 만나 고을 운영을 논의한다.
그러나 같은 사대부이면서도 사또(官)와 선비(土族)는 향촌 사회의 주도권을 놓고 늘 미묘한 경쟁 관계에 있었다.

"사족은 먹고 마시면서도 고을 일을 걱정한다" ● 16세기 영남 어느 향촌의 읍성. 동헌이 바라다보이는 한편에 새로 지은 향사당의 기왓골이 산뜻하게 눈에 들어왔다. 이곳에서 내로라 하는 고을 선비들이 모여 술 잔치를 벌일 참이었다. 얼마 전 참판 벼슬에서 물러나 고향에 돌아온 강 참판은 이번 모임의 주인을 맡아 의관을 정제하고 문밖에서 손님을 맞이했다.

이 모임의 이름은 향음주례(鄕飮酒禮). 향촌 사족이 모여 유교 의례를 치르면서 단합을 다지는 자리였다. 의례가 시작되면, 주인인 강 참판이 예식 담당자의 도움을 받아 손님들에게 순서대로 술잔을 다섯 순배 돌렸다. 그리고 모두 일어나 북쪽을 향해 서면 예식 담당자가 다음과 같은 발문을 읽었다.

"국가에서 옛 제도에 따라 예교를 숭상하여 향음주례를 행하니 이것은 단지 먹고 마시기 위한 것이 아니오. 어른과 어린이 모두가 서로 권하여 나라에 충성하고 부모에게 효도하고 안으로 집안에서 화목하고 밖으로 이웃과 친하며 서로 훈계하여 조상을 욕되게 함이 없게 하시오." 그러면 모두 두 번씩 절을 하고 자리에 앉아 향촌 일을 논의했다.

"사족의 이익은 사족 스스로 지키자" ● 이번 향음주례를 열기로 결정한 것은 지난 봄 향회(아래 그림)였다. 향회는 사족이 모여 고을 현안에 관한 자신들의 의견을 모으는 친목 모임. 그 자리에서 나온 이야기들을 정리하면 대체로 다음과 같다.

유건 : 유학자들이 즐겨 쓰는 검은 모시 베로 만든 관모. '민자관' 이라고도 한다. 실내에서만 쓰고 거리에서는 쓰지 않았다.

수령의 도움을 얻어 술을 준비하고 간단한 음식과 악사도 준비했다.

심의 : 고려 말 성리학과 함께 전래된 옷. 유학자들이 즐겨 입었다. 『주자가례』는 이 옷을 유학자의 예복으로 추천하고 있다. 웃옷과 치마를 따로 재단한 것이 특징이며, 치마가 12폭이라서 입으면 온몸이 휘감겨 심원한 느낌을 준다 해서 심의라는 이름이 붙었다고 한다.

"세금과 부역이 공정하게 배분되도록 잘 감시해야겠습니다. 향리와 일부 사족이 농간을 부리는 바람에, 그러잖아도 무거운 부담에 허덕이다가 견디지 못하고 도망가는 백성이 늘어나고 있소이다!"

"백성의 토지 소유를 보장하고 우리 땅을 받아서 농사 짓는 농민을 함부로 대하지 맙시다!"

"쓸데없이 수령 일에 간섭해서 무분별한 지방 세력이라는 소리를 듣는 사족이 있어요!"

향회에는 수령이 참여하기도 했는데, 거기에서 나온 이야기들은 대체로 고을 사정을 걱정하고 수령을 존중하는 내용이었다. 그러나 이런 이야기들을 곱씹어 보면 사족이 향촌 행정에 꽤나 간여하고 있었다는 것, 때로는 수령 일까지 간섭했다는 것을 알 수 있다.

사족이 수령을 대하는 두 가지 처신 ●
향회에서는 이러한 결의를 모아 '향규' 라는 문서를 작성했다. 그 가운데 유명한 것이 이황의 「예안약조」와 이이의 「해주일향약속」.

이황은 사족 전체의 이익을 위해 불법을 저지르는 사족을 규제하고 수령의 권한에 대해 시비거는 일을 막아 수령과의 마찰을 줄이려고 했다. 한편 이이는 그러한 자기 검열을 주장하면서도 사족이 중요한 민원이 있거나 무고한 형을 받으면 수령에게 적극적으로 자기 의견을 밝히라고 했다.

이처럼 사족은 향회를 통해서 때로는 수령과 협조하고 때로는 수령과 미묘한 마찰을 빚으면서 향촌 사회를 자기 입맛에 맞는 '유교적 이상향' 으로 만들어 나가려고 했다.

관과 사족이 향촌의 주도권을 놓고 힘겨루기를 하다 ●
사족은 나아가 향촌의 관리를 관아에만 맡겨 두지 않고, 자기들 스스로 향촌의 풍속을 바로잡으며 향리의 부정을 단속하기도 하는 민간 지방 자치 기구를 만들었다. '유향소' 라는 기구가 그것이었다.

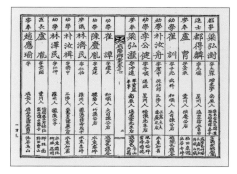

▲ 향안 (鄕案): 원래는 유향소에서 일하는 사족의 명단이었으나, 사족이 향리를 누르고 향촌 사회의 주도 세력으로 자리잡으면서 유향소 임원을 포함한 향촌 사족 전체의 명단이 되었다. 선조 말 무렵 경상남도 함양 지방 향안.

이러한 유향소를 만들자는 말이 나왔을 때 중앙 관료들은 심하게 반대했다. 사족이 자치를 한답시고 수령 일에 감 놔라 대추 놔라 간섭할 수 있다는 우려 때문이었다. 그러나 이들도 막상 고을 수령으로 나가 보면, 그 고을 터줏대감인 사족의 협조가 필요하다는 걸 깨닫게 되었다.

그래서 설치하게 된 유향소는 관과 사족이 향촌 사회 운영의 주도권을 놓고 힘을 겨루는 장이 되었다. 사족은 향회에서 자율적으로 유향소 임원을 뽑고 이 기구를 통해 농민에게도 다가가고 향리도 통제하려고 했다. 반면 관에서는 유향소 임원을 임명하는 권한을 틀어쥐고 그 활동을 좌지우지하려 했다.

나중에 관이 유향소를 장악해 나가자 그 대신 사족의 희망으로 떠오른 것이 서원이었다.

향회가 열리는 향청의 풍경. 심의를 입고 유건을 쓴 이 고을 사족이 한자리에 모였다. 진행자가 회의의 안건을 읽고 있다. 이들은 이렇게 정기적으로 만나 그 지역 대소사를 논의했다. 향회는 향촌 사회를 이끌어 가는 실질적 정치 기구였고, 이를 위해 별도로 향청이라는 건물까지 마련되어 있었다.

⊙ 사족이 향촌 사회의 거인이 되어 간 내력

사족이 향회·향음주례·유향소 등을 통해 향촌 사회를 주무르고자 했던 배경은 무엇이었을까? 16세기 향촌에서는 중앙 관료와 결탁한 향리들의 횡포로 땅을 빼앗긴 농민과 노비가 도망가는 사태가 자주 일어났다. 향촌의 지주인 사족은 이런 상황에서 수리 시설을 개발해 농업 생산을 안정시키고, 집약적 선진 농법을 바탕으로 읍성에서 벗어난 외곽에 농장을 만들고자 했다. 그리하여 경작지 주변에 살면서 자기 땅을 양인 농민에게 '병작' 시키는 '지주-전호 관계' 를 만들어 나갔다.

그리고 유교적 윤리 기준을 강화하여 사족의 방자한 행동을 자제하고 향리를 통제하여 부역과 세금을 고르게 배분하려고 했다. 그렇게 해야만 농민이 동요하지 않고 사족을 따를 것이기 때문이었다. 그들은 이를 위해 향약(鄕約)이라는 향촌 사회의 자치 규약도 만들었다. 향약은 보통 몇 개의 자연촌을 합친 단위로 운영되었으며, 이황의 '예안향약', 이이의 '서원향약'·'해주향약(海州鄕約)' 등이 유명하다. 또 사창(社倉) 같은 곡물 비축 기관을 통해 농민 생활을 보호하고자 했다.

이를 통해서 사족은 향촌 사회의 버팀목이자 실력자로 자리를 잡아 나갔으며, 이러한 그들의 지위는 임진왜란(1592)을 전후하여 서원이 사족의 여론을 모으는 새로운 장(場)으로 등장하면서 더욱 탄탄해졌다.

▲ 시권(전시)
별시 합격자의 답안지.
오른쪽 가장자리를 접어
본인 정보를 기록한 뒤
부정을 막으려고 이 부분을
봉했다. 답안지는 천자문의
글자 순으로 100장씩
묶는데, 오른쪽 六·天 은
첫번째 묶음(天)의 여섯 번
째(六) 답안지라는 뜻.
56.5x210cm.

▶ 홍패 : 과거 시험인 대과에 합격했음을 알리는 합격증.
향시인 소과에 합격하면 하얀색의 백패를 내리고 본시험인
대과에 합격하면 이와 같은 붉은 색의 홍패를 내린다.
교지란 임금이 내린 글을 가리킨다. 대과에는 갑과 3명,
을과 7명, 병과 23명을 뽑는다. 이 홍패의 주인공인 이후영은
1684년에 치러진 문과에서 병과 1등, 전체 11등을 했다.

'사'가 '대부'로 나아가는 첫 관문, 향시 ●

향촌의 사족이 관직에 진출하는 첫 관문인 향시
가 향교에서 치러졌다. 향시는 국가의 정규 과
거 시험인 식년시가 열리기 전해 가을에 열렸
다. 식년이 3년간을 가리키므로 향시도 3년마
다 치러졌다.

향시 과목은 생원과 진사를 뽑는 소과와 문관
을 뽑는 대과(문과)로 나뉘었는데, 어느 쪽이든
최종 시험이 아니라 예비 시험인 초시(初試)였
다. 즉, 향시에 합격하면 다음 단계인 복시(復試)
를 치러야 했던 것이다.

사극을 보면 '박 초시', '김 초시' 등으로 불
리는 사람들이 나오는데, 이들이 바로 향시의
초시 합격자들인 셈이다. 그런데 소과는 첫날
진사 시험이 있고 마지막 날 생원 시험이 있었
기 때문에 한 사람이 생원 시험과 진사 시험에
중복 지원할 수도 있었다.

시험 감독은 원래 문과를 거쳐 임명된 수령이
주관했다. 그러나 나중에는 중앙에서 관리가 파
견되기도 했고 감영에서 '도사'라는 관리가 시
험을 감독하러 오기도 했다.

과거 시험 준비 – 향교냐 서원이냐 ●
국립
교육 기관 향교는 유교 정치 이념을 실현할 관
리를 키우기 위한 곳으로 거의 모든 고을에 세
워졌으며, 고을 크기에 따라 30명에서 90명에
이르는 교생을 교육했다.

향교에서는 과거 준비에 꼭 필요한 과목들을
주로 가르쳤다. 유교 경전에 대한 지식을 가르
치는 '강경'과 문장을 가르치는 '제술'이 그것
이었다. 또 향교에 등록하면 군역에서 면제되는
혜택도 주어졌다.

그러나 향교에 등록하는 유생 수는 점점 줄어
들었다. 향교 교생에게만 과거 응시 자격을 주
는 규정이 유명무실해졌고, 실력 있는 선생을
확보하는 일도 쉽지 않았기 때문이다.

이황은 "향교에서는 조용히 공부할 수도 없
고, 학과 규정에 구애받아 과거에만 집착하게
만들 뿐 학문과 의리를 닦기에는 적당하지 않
다."라는 말을 했는데, 이렇게 생각하는 사족이
점점 늘어났다. 그리하여 향교의 대안으로 떠오
른 것이 읍성에서 떨어진 한적한 곳에 자리잡은
사족의 학문 공동체인 서당과 서원이었다.

이곳에서의 공부는 과거 준비 자체를 목적으
로 삼지는 않았다. 그러나 이이는 또한 과거를
통해 관직에 나아가 성리학적 이상을 펼칠 준비
도 해야 한다고 가르쳤다.

향시에 응시하는 절차 ●
드디어 향시 날. 도
내 각 고을의 서당과 서원에서 사족 유생이 몰
려들었다.

응시자는 '녹명소'라는 시험 관리소에 가서
본인과 4조(四祖 : 아버지·할아버지·증조부·외
조부)의 이름, 본인의 직업 등을 말해 응시 자격
이 있는지를 확인받았다. 또 신원 보증서인 '보
단자'와 거친 종이로 만든 개인별 시험 답안지
인 '도련지'를 제출하고 확인 도장을 받았다.

향시 날이 되면 시험장에서는 도(道)의 감영
에서 나온 사람들과 고을 사람들이 새벽부터 부
산을 떠는 모습을 볼 수 있었다. 응시생 중에는
몇 번씩 떨어지고도 꿈을 버리지 못해 나온 노
인이 있는가 하면 홍안의 젊은이도 있었다.

아버지와 아들이 함께 과거를 볼 수는 없었
다. 여러 번 떨어지고 다시 응시하는 아버지와

◀ 죽책 : 댓가지에
글귀를 적어 통에
넣었다가 빼어 보게
만든 것이다.
사서삼경 등의 경전을
암송하거나 경전을
제대로 암송했는지
시험하는 데 활용했고,
승려가 불경을 암송하는
데에도 활용했다.
중국에서 종이가
발명되기 전에는
댓가지에 글을 적은 뒤
이를 엮은 죽간이
대표적인 책이었다.
책의 순서나 내용이 서로
뒤바뀐 것을 '착간(錯簡)'
이라고 하는 것도
여기에서 유래했다.
성균관대학교 박물관 소장.

▲ 「평생도」중 소과 응시 장면 : 막을 쳐서 안팎을 구분한 시험장 안에는 다양한 연령층의 사람이 돗자리를 깔고 일산을
받쳐 들고 있다. 시험장에서는 일정한 간격을 유지하고 금란관이 질서를 엄격히 유지하게 되어 있으나 제대로 지켜지지 않은 듯
비교적 분방한 모습으로 답안을 작성하고 있다. 19세기. 종이에 담채. 130x36cm. 국립중앙박물관 소장.

동시 지원을 할 수 없어서 속앓이를 하며 아버지를 응원하는 아들도 시험장 밖에서 볼 수 있었을 것이다.

수험생은 관리가 응시자 이름표인 '녹명책'을 보고 이름을 부르면 종이와 붓과 먹을 들고 입장했다. 어떤 이는 입장할 때 책을 끼고 있다가 적발되기도 했다. 이 경우, 문밖에서 걸리면 1식년(3년) 동안, 안에서 걸리면 2식년 동안 과거 응시 자격을 빼앗겼다.

향시는 어떻게 치러지나 ● 시험장 문이 닫히면, 여섯 자 간격을 두고 떨어져 앉은 수험생들은 거주지·나이·본관 등 본인의 신상 정보와 4조의 관직·성명·본관을 쓴 뒤 종이를 붙여 봉했다. 그리고 심호흡을 하며 마음을 가다듬으면 시제(시험 주제)가 걸렸다.

시험 시간은 인정(人定 : 밤 10시)까지여서 밤이 어두워지면 불을 밝혔다. 그러나 수험생들은 대개 시간을 다 채우지 않고 먼저 답안지를 내고 나갔다. 감독하는 관리들이 빨리 내라는 눈치를 주기도 했고, 답안을 늦게 내면 합격하기 어렵다는 소문도 있었다. 그래도 여전히 끙끙대

며 시간을 넘기는 이가 있었는데, 이렇게 지각한 답안지는 따로 묶었다. 시험이 끝나면 감독관은 받은 답안지를 100장 단위로 묶어 책으로 만들었다.

문과의 답안지는 서리를 시켜 다른 종이에서 붉은 글씨로 베낀 다음, 그렇게 베낀 사본을 가지고 성적을 매겼다. 그러나 생원시와 진사시는 베끼지 않고 답안지 원본으로 채점했다. 이렇게 채점된 답안지는 감사를 통해 국왕에게 보고한 뒤 그 결과를 발표했다.

'사'에서 '대부'로 – 과거 급제자의 영광의 나날 ● 향시에 합격해도 아직 많은 관문이 기다리고 있었다. 우선 이듬해 봄에 한양으로 올라가 최종 시험인 복시를 치러야 했다.

소과든 대과든 복시는 예조나 성균관에서 치렀다. 거기에 합격해야 비로소 '생원'이나 '진사' 또는 '문과 급제자'로 불리게 되었다.

영광의 과거 급제자는 홍패나 백패를 받았다. 대과, 즉 문과 급제자는 모자에 꽂은 어사화와 햇빛을 가리는 일산, 그리고 술과 안주를 받았다. 소과 급제자는 거기에서 일산을 뺀 어사화

와 술과 안주를 받았다. 이 같은 하사품은 급제자들 가운데 3등이 대표로 받았다.

조정에서는 급제자들에게 '은영연'이라는 축하연을 베풀어 주었다. 첫날은 문과 장원의 집에 모여 함께 대궐로 들어가 왕에게 사은례를 올리고, 다음날에는 함께 실시된 무과의 장원 급제자 집에 모여 성균관에 가서 알성례를 올렸다. 또 시험 감독관인 시관을 초청하여 '은문연'을 열기도 했다.

과거 급제자는 3~5일 정도의 시가 행진을 할 수 있도록 배려했다. 시가 행진은 대궐 문밖에서 백마와 악공, 그리고 광대를 앞세운 화려한 퍼레이드로 펼쳐졌고 뒤이어 화려한 연회(정재)가 베풀어졌다.

이처럼 합격의 영광을 만끽하고 나면 급제자들은 3일간 쉬면서 친지를 방문했다. 향시를 거친 뒤 상경하여 급제한 사람은 금의환향하여 대대적인 환영을 받았다. 오늘날 고시 합격자를 배출한 마을이 마을 입구에 현수막을 내걸고 환영 행사를 하는 것과 비슷했을 것이다. 이런 행사를 거친 뒤 급제자는 부모를 뵙고 절한 다음, 향교의 문묘에 가서 '알성례'를 치렀다.

사람 한 명, 토지 한 뼘까지 관리합니다

읍성의 생활 ❸ 관(官)과 민(民)

토지 · 노비 등 재산 분쟁과 관련된 민사 소송, 양반과 민의 신분 갈등이 빚는 살상과 관련된 형사 소송……
지방 관아에서는 종종 소송이 일어나 사또에게 명판관 포청천의 지혜를 요구했다.
조선의 관아는 이런 문제를 해결하고 고을을 잘 다스리기 위한 주민·토지 관리에 일가견을 갖고 있었다.

"사또, 억울하옵니다!" - 소송 ● 관아 하면 떠오르는 것은 무엇보다 "사또, 억울하옵니다!"라며 매달리는 백성의 호소와 "네 죄를 알렸다!"고 외치는 수령의 불호령이다. 실제로 관아에서는 각종 민·형사 소송이 끊이지 않았다.

민사 소송으로는 아무래도 토지와 노비 등 재산과 관련된 분쟁이 많았다. 수령은 엄격한 기준에 맞춘 증거와 증인에 입각해 원고와 피고 사이에서 판결을 내려야 했다. 당시에도 증거가 조작되는 예가 있으므로 판결은 신중해야 했다.

형사 소송으로 흔한 것은 절도 사건이었지만, 정작 어렵고 중요한 것은 신분 간 갈등, 즉 양반과 상민 사이에 다툼이 일어나는 '강상(綱常)' 관련 소송이었다. 무조건 아랫사람만 엄하게 다스릴 수 없기 때문에 이런 소송은 처리하기가 무척 어렵고 민감했다. 양반이라고 해서 함부로 백성을 해치면 국법을 위배하는 것이요, 일반 백성이 세력을 쌓았다고 몰락한 양반을 능멸하는 것도 사대부의 나라인 조선에서 그냥 두고 볼 수 없는 일이었다.

"네 죄를 네가 알렸다!" - 형벌 ● 형사 소송은 무죄 방면이 아닌 한 형벌로 이어졌다. 우리는 흔히 "저놈을 매우 쳐라!"며 마음대로 죄인에게 형벌을 내리는 사또를 떠올린다.

그러나 조선 건국을 주도한 정도전도 "성인이 형벌을 만든 것은 다스리기 위한 것이 아니라 다스림을 보조하기 위함"이라고 말했듯이, 조선 시대의 형벌은 유교 정치 이념인 '인정(仁政)'과 '덕치'의 보조 수단이었다. 따라서 형벌의 집행은 권력자 마음대로가 아니라 유교적 기준에 따라 마련된 '형률'에 따랐고, 엄격한 조사와 재판 과정을 거쳐 실행되었다.

군현에서 수령이 직접 판결하여 집행할 수 있었던 형벌은 『대명률』에 규정된 다섯 가지 형벌 가운데 10대에서 50대까지 작은 회초리로 종아리를 때리는 태형뿐이었다. 장형(큰 회초리로 90대에서 100대 때리기), 도형(장형과 노역을 함께 내림), 유형(귀양), 사형 등 태형보다 무거운 형벌은 적어도 몇 단계에 걸친 재판 과정을 거쳐야만 시행할 수 있었다.

"어서 이실직고하지 못할까!" - 고문 ● 형사 사건을 수사 심문하는 과정에서 가상 중요한 원칙은 자백을 받아내는 것이었다. 피의자의 자백을 '지만(遲晩)'이라고도 불렀는데, "자백이 너무 늦어 죄송하다"는 뜻이라고 한다.

그런데 쉽사리 자백하지 않는 피의자는 합법적으로 고문할 수 있었다. '고신(拷訊)'이라고 불린 이 고문은 피의자에게는 실제 형벌보다도 더 두려운 존재였다.

고문에 사용하는 무시무시한 몽둥이는 '신장(訊杖)'이라고 했다. 이것을 가지고 무릎 아래 정강이를 제외한 뒷부분과 옆부분을 때리면서 피의자를 가혹하게 심문할 수 있었다.

조선의 '주민등록증' - 호패(號牌) ● 고위 관리부터 노비에 이르는 16세 이상의 모든 남자는 호패를 차고 다니도록 규정되어 있었다.

호패는 한성부와 각 지방의 관찰사, 수령이 관리했다. 각 개인이 호패에 기재할 사항을 제출하면, 고관에게는 관청에서 만들어 지급하고 나머지는 각자 직접 만들어 관청에서 확인 도장을 받았다. 어떤 남자가 호패를 받았다는 것은 그가 곧 호적과 군적에 올라 병역과 부역의 의무를 지게 된다는 것을 뜻했다.

예나 지금이나 병역과 부역을 기피하는 사람은 있게 마련. 따라서 호패를 위조하면 극형, 호패를 차지 않으면 엄벌, 남에게 빌려 준 사람은 장형 1백과 도형 3년에 처했다. 또 호패를 차고 다니도록 하기 위해 민원을 청구하거나 소송을 제기할 때 호패를 확인하기도 했다.

조선에도 호적이 있었네 ● 가호(家戶)와 인구를 파악하기 위한 호적도 3년마다 작성했다. 이때 호적에 적는 주요 사항은 다음과 같다.

1. '주호(主戶: 가호의 대표)'의 직업, 성명, 나이, 생년, 본관, 4조(46쪽 참조)의 직업과 성명.
2. 처의 성(姓), 신분을 표시하는 호칭('○氏', '○姓', '○召史' 등), 나이, 생년, 4조의 직업과 성명.
3. 동거하는 식구(어머니·동생·아들·딸)의 성명, 직업, 나이, 생년.
4. 노비의 이름, 나이, 생년 등.

세금보다 무서운 '세금 공무원' ● 세금을 물리려는 관청과 이를 피하려는 사람들의 숨바꼭질은 조선 시대에도 있었다. 당시에 세금을 물리는 근거는 '양전(量田)'이라는 토지 조사를 토대로 한 토지 대장, '양안'이었다.

양안에 적는 가장 중요한 정보는 토지의 면적과 비옥도를 함께 산정한 '결부수'였다. 1등에서 6등까지 매기는 토지 등급이 높아지면 결부수가 많아졌다. 예를 들어 1등전 1결의 실제 면적은 6등전 1결의 1/4에 불과했다.

양전을 할 때면 이를 담당하는 아전인 서원의 위세가 하늘을 찔렀다. 고을 백성은 누구나 기름진 음식과 술을 준비해 그를 대접하지 못해 안달을 했다. 그 편이 지나치게 많은 전세에 시달리는 것보다 낫기 때문이다.

⊙ 관아의 공문서 – 개인 기록에서 소송 판결문까지

왕실의 『조선왕조실록』부터 개별 호(戶)의 호적에 이르기까지 조선은 기록의 나라였다. 아래 호구단자는 3년마다 호적을 수정할 때 각 호에서 2부를 작성하여 올리는 보고용 문서. 관청에서는 이것을 옛 호적과 대조·확인하여 고칠 것을 고친 뒤 1부를 돌려주었다. 따라서 호구단자는 관청에서 발급하는 문서의 효력에 맞먹었다. 호구단자의 작성 양식은 대체로 공통적으로 쓰이는 서식에 따르고 다만 시대에 따라 약간의 차이를 나타낸다. 작성 양식에서 호주와 호주의 처의 4조(四祖) 및 가족 관계를 아래 사진에서 보이는 것처럼 각각 행을 따로 쓰는 '별행' 으로 처리하는 것이 특징적이다.

▲ 양안 – 토지대장 : 논밭의 위치, 결부수, 논밭의 기경 여부(陳起) 등 군현 내 경작지 현황과 토지 소유자 소작인(主) 등에 관한 정보를 기재했다.

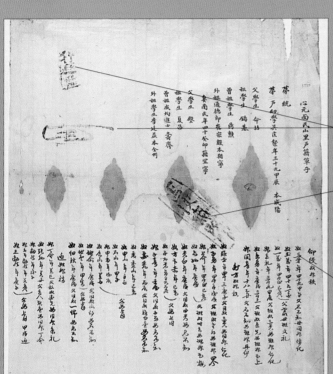

◀ 호구단자 : 전라도 무장현 (茂長縣) 심원면(心元面)에 살던 유학(幼學) 오광찬 (吳匡粲)이 1762년(영조 38년) 작성하여 관에 제출한 것.

수결(手決) : 오광찬이 제출한 호구단자를 앞서 작성되어 있던 식년(式年) 호적과 대조한 무장현감의 서명.

주협(周挾) : 오광찬의 호구단자에 대한 정정 유무를 표시하는 인(印). 호구단자에 오자나 탈자가 있으면 정정 사항을 호구 기재란 주위에 표기하거나 오자나 탈자 자리에 바로 표기했다.

노비 기재 : 소유하던 노비를 앙역노비질(仰役奴婢秩, 6명), 외방노비질(外方奴婢秩, 17명), 도노비질(逃奴婢秩, 21명) 등 세 부류로 나누어 기재하고 있다.

▶ 탄원서 : 전라도 고부군에 살던 김태운이 수령에게 관아에 출두하기를 거부하는 양두광을 엄하게 처벌하고 아울러 이런 사실을 증명해 달라고 올린 소지(所志). 왼쪽 하단에 수령이 내린 판결문인 제음(題音)이 있는데, 이 문서가 도착하면 즉시 붙잡아 오라는 지시가 있다.

▶ 산송(山訟) 문서
산송 심리 과정에서 예교 (禮校)와 색리(色吏)가 작성한 도형. 신익모의 부친 묘가 오우규의 양부 묘와 53보밖에 떨어지지 않아 잘 보이므로 8월 이후 이장하라는 판결을 내렸다. 본래 분묘의 한계는 보(步) 수로 제한 했는데, 『경국대전』에서는 사방 50~100보로 규정했다.

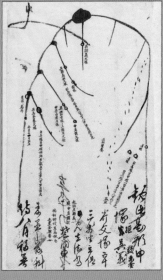

▶ 호패 : 왼쪽은 과거 급제자의 뿔 호패(길이 8.6cm). 앞면에 성명·생년·합격한 과를 새기고, 뒷면에 발행 연도와 함께 화인(火印)을 찍었다. 오른쪽은 평민의 나무 호패. '유학(幼學)' 이란 표현이 재미있다.

호패의 모양은 둥근 하늘과 네모난 땅을 상징한다.

마을 축제에 장승이 들썩, 두레 행렬에 용 깃발 펄럭

│ 민 촌 의 생 활 ❶ 마 을 공 동 체 │

관(官)에서는 향촌의 마을들을 리(里) 단위의 행정 구역으로 묶고 고을 아래 줄세우려 한다.
사족은 향약, 동계(洞契) 등을 통해 마을에 새로운 유교적 질서를 도입하려 한다.
마을은 서서히 변화하지만, 공동 노동에 뿌리박은 오랜 공동체 전통은 장승과 함께 의연하다.

장승 : 마을 어귀에 세워져 흉년·전염병·귀신 등 재난이
마을로 들어오지 못하도록 막는다. 거리를 표시하는 이정표
노릇도 했다. 풍수적인 관점에서 보았을 때 산천이나 마을의
기운이 허한 곳을 보충하고 도와주는 기능도 있었다.

액운을 막아 주는 짚줄 : 줄다리기 시합에서
암줄이 이겼다. 이긴 줄은 솟대에 동여매어
한 해 동안 마을의 액운을 막아 주는 역할을 한다.
줄다리기 줄은 짚 등으로 만드는데, 짚에는 풍년을
가져다 주고 액을 막아 주는 효능이 있다는
믿음 때문이다.

솟대 : 장승과 더불어 마을을
지켰다. 마을의 안전을 기원하고,
풍요로운 수확을 바라는 마음을
담아 마을 입구에 세웠다.

당산나무 : 마을 입구에서 마을을 지키는
신령스러운 나무. 대개 느티나무·팽나무 등
오래되고 힘차 보이는 나무들이 쓰였다.
느티나무를 뜻하는 한자는 괴(槐)인데,
목(木)자와 귀(鬼)자가 합해져 된 글자이다.

선비에겐 새로운 예의 고장, 농민에겐 오랜 전통의 공동체 ● 명례골(明禮谷), 덕계(德溪)…… . '예(禮) 밝은 마을', '덕 있는 마을' 이라는 뜻이다. 조선의 향촌에서 이런 식의 마을 이름을 만나기는 어렵지 않다. 마을 유지인 선비들이 유교의 주요 덕목인 '예'나 '덕'을 따서 자기 고장의 이름으로 삼은 것이다.

조선의 마을에는 이처럼 성리학을 신봉하는 사족이 사는 반촌을 중심으로 농민이 모여 사는 '민촌(民村)'들이 결합되어 있는 형태가 흔하다. 그러나 사족 중심이라고 해서 농민이 오랜 세월 간직해 오던 무속적 전통이 사라진 것은 아니다. 민촌에서는 장승제·서낭제처럼 무속 신앙에 뿌리를 둔 전통 축제와 놀이가 여전히 삶의 중요한 일부였다.

줄다리기 – 이겨야 풍년 든다, 힘껏 당겨라 ● 길고 지루한 겨울이 갈 무렵, 막 농사를 시작하는 정월에 농민들은 여러 가지 민속놀이를 즐겼다. 줄다리기·횃불싸움·석전(石戰) 등 격

두레 깃발 : 전통 시대의 마을 축제는 농경 의례적인 성격을 띠어서 두레 조직이 축제를 이끌었다.

정월 대보름날 마을 축제. 축제는 마을 신에게 제사를 지내는 경건한 의식이면서 마을 사람들이 모처럼 배불리 먹을 수 있는 잔치였다. 이런 축제는 정월에서 정월 대보름 사이에 집중되었다. 절기의 시작인 정월의 세시풍속에는 긴 겨울의 휴식을 끝내고 풍성한 수확을 기대하며 노동 의지를 다지는 뜻이 담겨 있었다. 대보름날 달의 모양과 색깔을 따지는 것처럼 풍작을 기원하고 예측하는 의례를 통해 앞날의 불안감을 해소하기도 했다.

렬하고 전투적인 민속놀이는 풍년을 바라는 뜻을 담아 수많은 마을 주민이 참여한 가운데 신명나게 펼쳐졌다.

줄다리기의 경우, 마을 주민이 동편과 서편으로 나뉘어 수줄과 암줄을 짜 둔다. 암줄과 수줄의 앞머리에는 모두 '도래'라는 고리를 만들어 두는데, 나중에 줄다리기를 할 때 '비녀'라고 불리는 통나무를 꽂아 연결했다.

마을 사람들은 남녀노소를 가리지 않고 승패를 겨루는 줄다리기에 참여했다. 승부야 짧은 시간에 판가름나지만, 오랜 시간 줄을 함께 짜고 줄다리기하는 과정 자체를 즐기는 데 큰 뜻이 있었다.

줄다리기에서 이긴 쪽은 그해 농사가 풍작이 되고 나쁜 병에도 걸리지 않는다고 했다. 어떤 지방에서는 암줄이 이겨야 풍년이 든다고 하기도 했다.

횃불싸움 – 풍년만 든다면 다쳐도 좋다 ● 정월 대보름날 횃불싸움은 마을과 마을 사이의 전투로 벌어졌다. 언덕에 진을 친 두 마을 패거리가 홰에 불을 붙여 휘두르며 달려가 상대편 진지를 빼앗거나 포로를 잡는 싸움을 벌인다. 홰는 싸리나 갈대 따위를 묶어서 만들었다. 밤늦게까지 들일을 할 때 사용하던 홰와는 달리 잘 묶은 싸릿대 사이사이에 관솔을 넉넉하게 박

◀ 마을을 지키는 새
전라북도 부안군 부안읍 내요리 돌모산에 올라선 마을 지킴이 오리. 화강암을 깎아 길게 세운 다음 그 위에 오리를 앉혔다. 오랜 옛날부터 마을마다 내려오는 이런 곳을 당산(堂山)이라고 한다. 반드시 산이 아니라도 마을 지킴이로 모실 만한 나무·돌 등을 당산으로 삼는다. 사람들은 해마다 당산에 줄로 옷을 입혀서 한 해의 만복과 농사의 풍요를 기원한다.

고, 기름을 듬뿍 먹인 솜뭉치를 함께 잡아매어 흔들려도 잘 꺼지지 않게 만들었다.

이기면 풍년이 들 것이란 기대 때문에 횃불싸움에서 몸을 사리는 사람은 없었다. 싸움은 많은 부상자를 낳으면서 마지막 횃불이 꺼질 때까지 이어졌다.

석전 – 전투적 민속놀이의 최고봉 ● 읍내나 성내에서 벌어진 석전(돌팔매 싸움)도 정월 대보름날 치열하게 벌어졌다. 이 전투적인 놀이는 고려 때부터 있었는데 석전에 능한 사람들을 모아 '척석군(擲石軍)'이란 군대를 만들기도 했다. 석전에 참여하는 사람은 당대의 주먹패나 용맹한 군인이었기 때문에 석전은 놓칠 수 없는 구경거리였다.

⊙ 마을 이름의 역사

마을 이름은 대개 자연 지형이나 마을의 위치, 경치가 뛰어난 곳에서 따 왔다. 경우에 따라서는 전설이나 특정 인물에서 마을 이름이 유래하기도 했다. 마을 이름에는 '골(골짜기나 고을의 준말)', '말(마을의 준말)', '실' 등의 끝말이 붙어 있는 경우가 많지만, 그 밖에도 여러 가지 변종이 있다. 마을 위쪽에 말 모양의 바위가 있다고 해서 '말바우'를 마을 이름으로 삼거나, 마을 뒷산이 까치 모양이라고 '까치골'이란 이름을 붙이거나, 커다란 느티나무에 기댄 마을이라는 뜻에서 '느티골'이라고 부르기도 했다. 절 아래 있는 마을은 '절골'·'불당골'·'절터골' 등으로 불렸다.

조선 후기에 이르러 마을 이름 짓기에 상당한 변화가 나타나고 있는데, 여기에서 당대 사회 변동의 방향과 성격을 짐작할 수 있다. 이 시기에는 '새마을', '새터', '신기(新基)' 등 새로 만들어진 마을이라는 뜻의 마을 이름이 자주 등장한다.

일제 시대 이후 순수한 우리말식 마을 이름을 한자식으로 바꾸어 만든 이름이 많이 통용되었다. '절골'을 '사하촌(寺下村)', '새실'을 '신촌(新村)', '앞섬'을 '전도(前島)', '내앞'을 '천전(川前)', '닭실'을 '유곡(酉谷)'이라고 부르는 식이다. 그러다가 지방 자치 시대가 열리면서 각 지방별로 순수한 우리말 마을 이름을 되찾으려는 노력이 나타나고 있다.

▲ **재현된 두레패** : 자치적 노동 조직이었던 두레는 일제 시대에 이르러 관(官)이 주도하는 공동 작업반으로 바뀌었다. 두레에 대한 문헌 기록은 거의 남아 있지 않은데, 대체로 17세기 이후 삼남 지방에서 벼농사가 모내기 중심으로 바뀌면서 나타났다고 한다. 사진은 용기(龍旗)를 세우고 사라진 두레 행사를 재현하고 있는 장면.

일하며 노래하며 ● 풍년을 기원하며 벌이던 정월 대보름의 축제는 모두 끝이 났다. 바야흐로 봄. 고된 농사의 계절이 돌아왔다.

일이 힘들다고 해서 입 꾹 다문 채 허리 굽혀 밭 갈고 모 심으면 오래 버틸 수 없다. 힘이 들수록 더욱 흥을 돋우기 위해 노래를 부르며 일하는 것이 좋다. 농민들에게는 함께 농사 지을 때 서로 리듬을 맞춰 주는 '노동요'가 있었기에 고단함을 덜고 일의 능률도 높일 수 있었다.

가령 밭을 갈기 위해 부르는 소 모는 소리는 단순히 소를 몰기 위한 쓰임새로만 부르는 것이 아니었다. 거기에는 소리꾼의 머리를 스치는 상념이 즉흥적인 노래가 되어 어우러졌다. 자신의 신세를 한탄하기도 하고, 논에 심은 모가 잘 자라기를 기원하기도 하며, 날씨가 이렇게 나쁘면 안 된다고 푸념하기도 하는 사설이 노랫가락에 녹아들어 갔다.

어지간한 농촌에서는 그 마을 나름의 모심기 노래와 논매기 노래가 내려온다고 할 만큼, 우리 나라에는 다양하고 풍부한 가락과 노래말을 지닌 민요가 전국적으로 전승되고 있다. 농사뿐 아니라 길쌈·고기잡이 등 다른 노동을 할 때도 다양한 노래들을 불렀다.

함께 일하는 사람들의 공동체 – 두레 ● "도감 아우님! 저쪽 제자 두레에 다녀온 일은 어찌 되었소?" "여보, 집사! 두레 깃발(사진)은 챙겼소?" "어이, 수총각! 어제 새로 온 신참은 주먹다드미를 하고 난 다음에 좀 괜찮다던가?"

아침부터 행수 어른의 목청이 우렁찬 가운데 풍물놀이패의 음악 소리가 요란하다. 마을 사람들은 '두레'라는 공동 노동 조직을 만들어 함께 일하러 가는데, 그 우두머리가 '행수'였다. 행수님의 채근을 받고 있는 '도감', '집사'와 '수총각'은 그를 돕는 두레 임원들. 이들은 지난해 농사가 끝난 다음 두레 일꾼이 모여 결산하는 자리에서 뽑힌 사람들이었다.

농민은 두레를 중심으로 봄부터 가을까지 모내기·물대기·김매기·벼베기·타작 등 벼농사 전 과정을 함께 했다. 특히 일시적으로 많은 품이 드는 모내기와 김매기에는 두레가 필수였다.

한 마을에 사는 사람이면 모두 그 마을의 두레에 의무적으로 가입해야 했다. 외지에 나갔다가 고향 마을에 돌아오거나 이주해 온 사람을 신참으로 가입시킬 때에는 '주먹다드미'나 '진새' 같은 '들참례(신고식)'를 치렀다. '주먹다드미'는 주먹 세례를 퍼부었다는 말 같은데, 어디

서나 신고식은 어렵게 치르는 법인가 보다.

행수가 도감에게 물어 본 '제자 두레'란 것은 이 마을 두레보다 규모가 작은 이웃 마을 두레를 가리키는 말이었다. 이처럼 서로 이웃한 마을의 두레들끼리는 어느 쪽이 먼저 생겼나, 어디가 더 큰가 등을 따져서 서로 '선생 두레', '제자 두레'라든가 '형 두레', '아우 두레'라든가 하는 이름으로 불렀다.

행수를 중심으로 열심히 일하다 보니 어느덧 새참이 왔다. 수총각이 외쳤다. "자, 그만들 쉬고 막걸리 한 잔씩 합시다! 씨름도 한 판 하고……"

우리 마을은 우리가 운영한다 – 촌계 ● 고단한 두레 노동이 끝난 저녁 무렵, 마을 어른들이 '계장님' 댁에 모였다. 그 동안 수리 시설과 새참 등에 들어간 두레 경비를 따져 보는 '촌계' 모임을 갖기 위해서였다.

"우리 마을 계원들이 부어 만든 '곗돈'이 거의 바닥이 났네요."

한참 산가지를 가지고 이리저리 셈을 해 보던 '소임'이 풀죽은 목소리로 보고하자, 그 위의 '유사'가 대꾸했다. "머잖아 햇골 사는 분이가 혼인하는데 부조도 해야 하고…… 곗돈을 다시 추렴해야겠구면."

계장님과 '존위'등 그 자리에 있던 사람들이 모두 고개를 끄덕였다. 이들은 마을 공동체의 자율 운영 조직인 촌계의 임원이었다. 촌계에는 마을 사람들이 모두 의무적으로 참여하여 계원이 되었는데, 이들이 곡식·돈·현물 등을 부어 만든 곗돈으로 두레나 동제 같은 마을 행사의 경비에도 쓰고, 계원의 경조사에도 부조했다. 만약 경비가 모자라면 다시 추렴해서 썼다.

촌계는 본래 사족 중심의 동계를 본받아 생겨났다. 동계는 사족이 유교적 가치관에 따라 향촌 사회를 운영하기 위해 만든 조직으로, 촌계는 그 동계의 밑에 편성된 하위 조직이었다.

그러나 촌계 조직은 사족의 지도를 받지 않고 마을 사람의 생업이나 일상 의례, 공동 행사, 작업 등 구체적인 마을 일을 통해 다져졌다.

촌계의 계원들은 자율로 정한 규율을 지키면서 호혜적이고 평등한 관계를 이어 나갔다. 그러한 촌계의 운영 규정과 규범을 정리한 것이

'촌약(村約)'. 동계의 '동약(洞約)'에는 신분 사이의 차별을 뚜렷이 하기 위한 처벌 조항이 많았지만, 촌약에는 서로 친목을 도모하며 경제적 이익을 함께 추구한다는 내용이 담겨 있었다.

마을 공동체의 원조 – 향도 ● '두레'와 '촌계'는 모두 사족 중심의 향촌 사회에서 서서히 나타난 공동체 조직이었다. 그러나 이들이 나타나기 전에도 농촌에는 전통적인 농민의 자치 조직체가 강하게 남아 있었다.

조선 초기인 태종 때 충청도 관찰사를 지낸 허지는 향촌 사회 곳곳에 들어선 무속 공간들이 어

▼ **「경직도(耕織圖)」**: 8첩짜리 「경직도」 중 모내기와 보리 타작 부분. 『시경(詩經)』의 '빈풍칠월편(豳風七月編)'을 그린 「빈풍칠월도」를 모범으로 삼아 체계화한 그림이다. 19세기. 독일 게르트루드 클라센 소장.

지럽고 보기 싫었다. 그래서 그는 중국의 예에 따라 한 리(里)에 하나의 신당만 두자고 제안했다. 여기서 '리'는 고려 때까지의 자연촌들을 몇 개씩 모아 만든 기본 행정 단위였는데, 오늘날까지 미사리, 대성리, 검단리, 사창리 같은 기초 자치 단체로 내려온다. 그러나 농민은 이를 받아들이지 않고 오히려 자기들의 전통적인 공동체 조직인 '향도(香徒)'를 '리' 단위로 운영했다.

마을 지킴이를 함께 모시는 향도는 농민들의 끈끈한 유대감을 엿볼 수 있는 조직이었다. 향도 구성원은 남녀노소를 가리지 않고 함께 모여 술을 마시기도 했고, 같은 향도에 속하는 이가 상을 당했을 때 앞다투어 부조를 하고 자기 일처럼 나서서 상을 치르기도 했다.

이러한 향도는 본래 삼국 시대부터 있었던 불교 신앙 결사체였는데, 고려 말에 불교계가 많은 비판을 받자, 신앙 결사에서 벗어나 생활 공동체로 정착되었다.

'리'를 단위로 구성된 각 향도의 인원은 조선 초기에 규모가 작으면 7~9명, 크면 100여 명에 이르렀다고 한다.

▲ **동계 규약**: 동막리라는 마을의 동계에서 김춘원 등 35명의 계원이 예전부터 내려오던 대동계에 좌목(座目 : 계원 명부)과 입의(立議 : 계의 규약)를 새로 마련하면서 만든 계안. 연대와 구체적인 지역은 모름. 규장각 소장.

華城郡梅松西野牧二里
農者天下之大本也
甲子刱造

▶ **농기(農旗)와 농악기**
마을 단위 두레 조직이 두렛일을 하거나 놀이를 펼칠 때 늘 곁에 세워 두던 깃발과 악기. 조선 시대는 농(農)이 천하(天下)의 대본(大本)이라는 말이 이념이나 구호가 아니라 현실이었다. 깃폭의 3면에는 '지네발'이라는 것을 붙인다. 사용 연한은 15년 안팎.

농가는 작은 '농공 단지' – 안팎으로 일터일세

| 민 촌 의 생 활 ❷ 민 가 |

집 안에서는 손끝이 야무진 모녀가 베틀을 돌리고, 들판에서는 노련한 농사꾼 부자가 쟁기질을 한다.
모녀와 부자에 갓난아이까지 5인 가족이 사는 농가가 있었다. 노비도 둘 정도 딸려 있었을까?
가진 건 없어도 일복만은 타고났던 사람들. 민가를 지키는 수많은 신들이 그들을 지켜 보고 있었다.

농가는 크게 안채(방과 광, 마루 등)와 바깥채(곡물 저장, 가축 사육 등), 마당(작업 공간이자
행사 장소)으로 구성된다. 가옥의 형태는 기후·지형 등 자연 조건, 거주자의 경제 능력,
사회적 규제 등에 따라 여러 가지가 있다. 대체로 ㅡ자형이나 ㄱ자형이 기본이며, 집이 커짐에 따라
ㄷ·ㅁ자형이 된다. ㅡ자형은 부엌·방·마루가 순서대로 배치되고, ㄱ자형은 대청마루를
사이에 두고 한쪽에 안방·부엌·광 등이, 다른 쪽에 건넌방이 자리한다.

대추나무 : 민가의 마당에는 대추나무나
감나무 같이 열매를 맺는 나무를 심었다.
열매가 많이 달리는 대추나무는 자손의 번성과
아들을 뜻해 민가 앞마당에 즐겨 심었다.

전통 농가 : 1970년대까지 남아 있던
전라도 지방의 전통 가옥을 모델로 삼아
재현했다.

길쌈 : 날실이 될 무명실에 풀을 먹이는
'베매기' 작업을 하고 있다. 실 아래에는
약하게 불을 피워 풀먹인 실이 빨리
마르도록 했다. 길쌈은 신분의 높고 낮음을 막론
하고 조선 시대 여성의 주된 일이었다.

본채 뒤편에는 자급자족용 채소 등을
가꾸는 텃밭이 있는데, 사시사철
감상용으로 기르는 꽃을 보듬은 꽃밭을
둘 수도 있었다. 물론 이러한
감상용 공간까지 있는 가옥은 대체로
중류 이상의 경제력을 지닌 농가에서
찾아볼 수 있었다.

두엄 작업 : 외양간에 깔았던 짚과
쇠똥을 퍼내서 잘 섞어 건조시키는 장면.
이렇게 생산된 가축과 사람의 똥에 짚이나
풀을 섞어 발효시킨 두엄이 논밭의 지력을
회복시켜 줄 천연 비료가 된다.

여자도 집안에서 일하고 ● 여자는 마당 한쪽에서 김홍도의 풍속화 「길쌈」에 나오는 장면과 똑같은 모습으로 길쌈을 했다. 날실에 풀을 먹이는 '베매기'라는 방적 과정을 거쳐 베틀에 앉아서 바디를 잡고 북질을 하며 베를 짰다.

삼·누에고치·모시·목화 등 섬유 원료로 베·명주·모시·무명 등의 피륙을 짜내는 것은 부녀자의 대표적 가내수공업 품목이었다. 그것은 집안 식구들이 입을 옷을 만들 재료로 이용하기도 했지만 나라에 세금으로도 바쳐야 했다.

1년에 부부 두 사람에게 필요한 옷감의 양이 목화 50근이었다고 하니(이유태, 『정훈』), 5인 가족이면 자기들이 입기 위해서도 100근 이상을 확보해야 했을 것이다.

남자도 집안에서 일하네 ● 남자는 한쪽 구석에 자리잡은 변소 곁에서 퇴비 만들기에 여념이 없었다. 외양간에서 나온 소나 말이 밟은 짚, 나뭇가지와 변소에서 나온 인분, 여기에 잿간에서 끓여 낸 잿더미 등을 퇴비 재료로 이용해 층층이 켜켜로 쌓았다. 이렇게 쌓아 올리기를 마친 뒤에는 썩는 정도를 잘 살펴서 나중에 계속 뒤집기를 해 주었다.

또 남자가 집안에서 하는 일 가운데 중요한 것이 타작이었다. 19세기 학자 정약용의 묘사를 빌려 보자. "밥 먹자 도리깨 잡고 마당에 나서니, 검게 탄 두 어깨 햇볕 받아 번쩍이네. 옹헤야 소리 내며 발맞추어 두드리니 삽시간에 보리 낟알 온 마당에 가득하네"(송재소 역, 「보리 타작」).

정약용은 이 광경을 보며 "낙원이 먼 곳에 있는 게 아닌데 무엇 하러 벼슬길에 헤매고 있으리요."라고 읊조리며 열심히 일하는 타작꾼의 즐거움을 부러워하기도 했다.

먹자고 하는 일인데 배는 든든히 채우자
● 일을 많이 한 조선 사람은 한 끼에 먹는 쌀의 양이 현대인보다 많았다. 성인 남자가 7홉(合 : 420cc), 여자가 5홉(300cc), 어린아이가 3홉(180cc)이었다(이덕무, 『청장관전서』). 현대 성인 남자의 한 끼 쌀 소비가 대략 140cc 정도니까, 조선 시대에는 어린아이도 요즘 어른보다 많은 양의 밥을 먹은 셈이다.

이것은 그만큼 일을 많이 했기 때문이기도 하지만, 하루에 먹는 끼니 수가 적었기 때문이기도 했던 것 같다. 농사를 짓는 남자 종에게 여섯 달은 하루 두 끼니를 먹이고, 여섯 달은 세 끼니를 먹였다는 기록도 있다(『정훈』). 이런 정황으로 미루어 보건대 일하는 농민은 보통 때는 아침 저녁으로 두 끼를 먹다가 한창 일하는 농번기에는 한 끼를 더해 점심도 먹었던 모양이다.

집안 구석구석에 도사린 신들 ● 일도 하고 휴식도 취하는 복합 생활 공간인 민가는 곳곳에 온갖 신들이 도사린 '만신전(萬神殿)'이기도 했다. 그중 가장 높은 신은 '성주'. 집 건물을 지키는 신으로, 집을 지을 때 기둥을 세우는 상량식을 하면서 '성주굿'을 하여 모셨다. 직사각형으로 접은 헝겊에 띠풀이나 실타래를 매어 놓은 것을 '성주님'이라고 부르며 대들보에 두기도 하고, '성주독'이라는 항아리를 안방이나 대청마루 한구석에 놓아 두기도 했다.

부엌을 관장하는 '조왕'은 음력 12월 23일 승천해서 1년 동안 있었던 일을 옥황상제에게 보고한 다음, 설날 새벽에 되돌아온다고 했다. 부엌 한가운데 흙단을 만들고 거기에 그릇을 올려 놓은 다음 밥을 짓기 전에 정한수를 떠 놓고 집안의 융성, 특히 자녀의 안녕을 빌었다.

변소에 도사리고 있는 '칙신'은 성질이 고약한 여신. 그녀를 잘못 만나면 시름시름 앓다가 죽는다고 했다. 매월 6일, 16일, 26일 등 6자가 들어 있는 날에는 칙신이 변소에 머문다고 해서 이 날에는 변소에 가지 않으려 무진 애를 썼다. 이 뒷간 귀신을 놀라게 해서 큰 화를 입지 않으려면 변소 서너 걸음 앞에서 두서너 번 헛기침 소리를 내야 했다.

집터를 지키고 다져 주는 '터주(터줏대감)', 출산을 도와주며 아이가 잘 자라도록 보살펴 주는 '삼신(삼신할미)' 등도 집안에서 한가락씩 하는 신들이었다. 또 색다른 존재로 구렁이·족제비·두꺼비를 가리키는 '업신'이 있다. '업위'·'집지키미' 등으로도 불렸는데, 이놈이 집을 나가면 패가망신하거나 큰 변화가 생긴다고 믿었다.

잿간과 변소 : 왼쪽에는 용변을 볼 수 있는 시설이 있고, 오른쪽에는 아궁이에서 퍼낸 재들이 쌓여 있다. 변을 본 뒤, 재를 한 삽 떠서 변과 섞어 한쪽에 쌓아 두면 훌륭한 비료가 된다. 이것이 조선 시대에 도입된 획기적인 비료 생산 기술의 비법이다.

외양간 : 사랑채나 행랑채 또는 안채의 부엌 쪽에 두었다. 오양간·마구간이라고 부르기도 하고, 쇠막·쇠왕(제주도)이라고도 했다. 두 면은 벽으로 둘러치고, 한 면은 출입하는 통로로 이용하며, 마지막 한 면에 통나무로 만든 구유를 놓아 소의 먹을거리를 넣어 준다. 외양간 바닥에는 짚이나 가는 나뭇가지 등을 넣어 주어 퇴비를 만들었다.

작은 부엌 : 식구가 늘어나면서 방을 만들었다. 아마도 아이들 방이나 남자의 사랑방으로 이용되었을 것이다. 여기에 붙은 작은 부엌은 물을 데우거나 쇠죽을 쑬 때 쓰였다.

▲ **터줏가리** : 터주는 가택신으로 집의 터를 지키는 신이다. 터주는 무형의 관념이지만 햇곡식을 넣은 단지를 신체로 모시고 볏가리로 덮은 다음 뒤꼍 담 밑이나 장독대 근처에 모셨다. 단지도 중요하지만 볏짚도 신성하게 여겼다.

농가월령

고상안(1553~1623)의 『농가월령(農家月令)』: 17세기 초 경상도 상주 지역의 농서(農書). 고상안은 관직 생활의 대부분을 지방 수령직으로 채웠는데, 벼슬에서 물러나 있으면서 농업 기술에 관심을 가지고 이 책을 지었다. 이 책은 16·17세기 경상도 상주 지역 농민들이 개발한 농법을 정리한 지역 농서이면서 매달 두 차례씩 오는 절기마다 할 일을 적은 월령식 농서라는 특색을 지니고 있다. 이 책에서 보듯 농사는 멀리서 보기에는 봄부터 시작하여 가을이 되면 끝나는 것 같지만 겨울에도 손을 놓을 수 없는 일이었다. 여기 나오는 열두 달은 태음력에 따른 것이고 24절기는 태양력에 따른 것이다. ▨ 72~73쪽 '가상체험실'을 참조하세요

1 음력  **2**  **3**  **4**  **5** **6**

입춘 (立春)

- 농기구 손질하기 (봄 농사 준비)
- 얼보리 만들기*
- 이엉 엮고 지붕 수리

● 겨울에 보리가 얼어죽기 쉬운 산간 지방에서 씨앗을 얼렸다가 봄철에 파종하는 방법. '춘화 처리'라고 하는 이 농법은 1928년 소련의 뤼센코가 개발한 것보다 무려 300년 앞선다.

우수 (雨水)

- 잡초 태워 재 만들기*
- 얼보리 파종
- 목화밭(솜과 무명실의 재료) 갈기
- 도롱이(짚으로 만든 비옷) 만들기
- 메주(간장과 된장의 재료) 만들기

● 재는 그 자체로 비료가 되고, 똥, 오줌과 섞으면 더없이 좋은 천연 비료가 된다. 비료 제작법이 발전한 조선 시대 농부에게 재를 마련하는 것은 항상 해야할 일이었다.

경칩 (驚蟄)

- 논밭에 재 뿌리기 (비료 주기)
- 얼보리 심기 완료
- 삼씨 뿌리기*
- 햇볕에 메주 쬐기

● 농민은 식구들이 입을 옷과 세금으로 바칠 옷감의 재료를 직접 생산 했으므로 삼밭, 목화밭, 뽕밭의 경작과 누에 치기는 중요한 농사일이었다.

춘분 (春分)

- 논 갈기
- 얼보리밭에 조나 콩 심기*
- 북은 땅을 갈아 기장·조 파종 준비
- 여러 가지 채소 파종
- 쪽(옷감의 염료) 파종

● 사이짓기 방법. 성장 시기가 겹치는 두 작물을 한 밭에서 같이 경작하는 것으로 생산량을 높이는 농사법이다. 얼보리 사이에 고랑을 내고 조나 콩을 파종했다.

청명 (淸明)

- 조앙종(이앙 벼), 올벼(직파 벼) 파종*
- 올조, 올기장 파종
- 누에알 부화 시키기

● 토질과 기후에 맞는 다양한 품종과 농법의 개발, 이것이 조선 시대 벼농사법의 우수성이다. 이앙법과 직파 품종말고도 심는 시기별로 여러 품종과 농법이 이용되었다.

곡우 (穀雨)

- 율무 파종
- 목화 파종
- 누에섶(누에집) 만들기*

● 조선 정부는 양잠을 적극 장려하여 1455년(세조 1년)에는 법으로 대호(大戶) 300그루, 중호(中戶) 200그루, 소호(小戶) 100그루, 빈호(貧戶) 50그루씩 뽕나무를 심게 했으며, 말라죽게 하면 벌을 내렸다.

입하 (立夏)

- 차도(올벼 다음의 직파 벼) 파종
- 천수답에 건답 직파하기*
- 보리밭 김매기
- 들깨 파종
- 뽕잎 따서 누에 먹이기

● 관개 시설이 없는 논에 마른 땅에 볍씨를 직접 뿌리는 방법. 이 경우 논을 아주 잘 갈아서 흙이 부슬부슬하도록 손질해야 한다.

소만 (小滿)

- 늦벼(차도 다음의 직파 벼) 파종
- 조앙종 모내기
- 파종 못한 천수답에 만앙종 파종*
- 올조, 올콩 김매기
- 목화밭 김매기

● 일손이 모자라서 건답 직파도 못한 천수답은 마지막으로 만앙종 (늦게 심는 이앙 벼)을 파종한다. 그리고 비가 오기를 고대한다.

망종 (芒種)

- 차앙종(조앙종 다음에 심는 이앙 벼) 모내기
- 담배 모종 옮겨 심기
- 도리깨 수리 (보리 타작 준비)
- 왕골 베어서 자리 짤 준비하기
- 목화밭 김매기

● 담배는 1618년에 일본을 거쳐 들어왔거나 북경을 내왕하던 상인들이 들어온 것으로 추측.

하지 (夏至)

- 만앙종 모내기
- 보리 수확
- 보리 껍질로 재를 만들어 똥오줌과 혼합하여 비료 제작
- 보리를 수확한 밭에 그루갈이*

● 한해에 같은 땅에 농작물을 계속 경작할 때, 지력 회복을 위해 다음에 심으면 좋은 작물을 알았다. 보리를 심은 다음에는 콩과 팥이 가장 좋고, 기장, 조, 그리고 녹두 순이다.

소서 (小暑)

- 논 김매기
- 얼보리가 자라던 곳을 분경하여 콩과 조를 심기*
- 잡초와 버들 가지를 베어서 소·말 우리에 넣기 (비료 제작)

● 얼보리를 베어내며 사이짓기를 한 콩과 조만 남는데 얼보리가 있던 자리를 호미로 갈아서 콩과 조의 뿌리를 북돋우는 작업이다.

대서 (大暑)

- 올기장, 올조 수확
- 올기장, 올조 다음의 그루갈이*

● 올기장과 올조를 수확한 다음에는 녹두를 파종했다가 무성해질 때를 기다려 갈아 엎는다. 그 다음 녹두를 묻고 즉시 가을보리를 파종하면 수확이 훨씬 많아지고 토질이 비옥해진다. 화학비료가 없던 시절에 지력 회복을 위해 개발한 방법이다.

집 밖 일터에서 ● 여기 한 농부가 자기 집을 나와 들판에 섰다. 검게 그을은 얼굴, 깡말랐지만 강단 있는 몸매, 굵은 핏줄이 선 팔뚝……. 집 안팎이 일터라지만 역시 농부는 논밭에 나왔을 때 농부답다.

바야흐로 입하. 바짝 마른 천수답에 볍씨를 직접 뿌리고 보리밭 김매기도 하고 들깨 씨도 뿌려야 한다. 그의 아내는 인근 야산에서 뽕잎을 따고 있다(위 도표 참조).

그들은 어떻게 일일이 절기를 파악하여 그 때마다 필요한 작업을 맞추어서 할 수 있었을까? 『농가월령』을 지은 고상안 같은 사대부가 농부들을 찾아 다니며 현장 지도를 했을까?

그렇지 않았다. 오히려 이들 농민 부부야말로 고상안 같은 사대부에게 각종 농업 기술에 관한 정보를 제공한 장본인이었다.

농업 기술의 '저작권자'는 농민 ● 농서는 사대부의 손으로 편찬되었지만, 그 사대부는 정작 그 농서에 담긴 농업 기술을 실제 농사 현장에서 적용해 본 경험자가 아니었다.

농서에 실린 농업 기술의 제공자이자 '저작권자'는 농사를 지으면서 실제로 그 기술을 써 본 농민이었다. 노련한 농업 기술자인 농민을 '노농(老農)'이라고 불렀는데, 이들이야말로 현실의 농업 기술과 농업 사정에 익숙하고 곡물의 품종에 정통하며 적당한 파종 시기에 관해 오랜 경험을 쌓은 전문가로 인정받고 있었다.

조선 시대의 어떤 사대부도 농업 생산의 주된 담당자가 농민이었고, 이들 가운데 노련한 노농이 실질적인 농업 생산의 지휘자였다는 것을 부정하지 못할 것이다. 그리고 조선의 사대부는 이들 노농이 농업 기술에서 거둔 성취를 밑거름 삼아 정치·경제·사회·문화 모든 분야에서 역량을 펼쳐 보일 수 있었다.

농민은 스스로 돕지만 하늘은 항상 돕지는 않는다 ● 논바닥이 거북 등처럼 갈라지고 곡식이 누렇게 타 들어간다. 둑을 쌓고 보 같은 수리 시설을 지어 물을 끌어들이려 애써 보지만 초여름 가뭄의 위세 앞에서는 어림도 없다.

조선 시대에는 이앙법 등 적지 않은 농업 기술의 발전이 있었지만, 하늘을 이길 수는 없었다. 큰 가뭄 앞에서는 하늘에 기우제를 지내는 게 상책이었다. 17세기 후반에는 아예 1년에 12차례 기우제를 지내는 것으로 정례화되기도 했다.

홍수 피해, 특히 농토 전체가 떠내려가는 '성천(成川)'이나 물가의 농토와 곡식이 떠내려가는 '포락(浦落)' 등은 가뭄보다 절망적이었다.

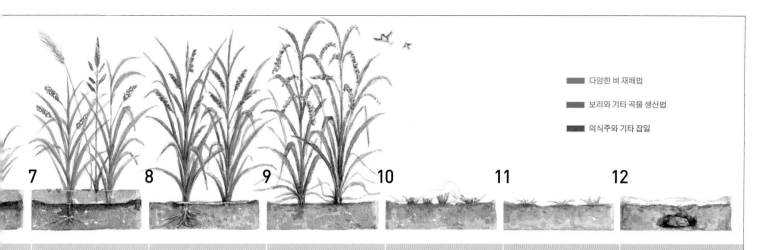

다양한 벼 재배법
보리와 기타 곡물 생산법
의식주와 기타 잡일

입추(立秋)
- 논의 피 뽑기
- 메밀 파종
- 콩과 조 밭 뿌리 북돋우기
- 삼 밭에 무우 사이짓기(김장용)
- 목화밭 김매기*

● 목화는 다래가 벌어진 것부터 차례로 수확하는데 9월 상순부터 따기 시작해서 된서리가 오기 전까지 수확한 것이 가장 질이 좋다.

처서(處暑)
- 올벼 수확
- 잡초와 버들가지를 베어서 잘게 잘라 소·말 우리에 넣기*
- 참깨 수확
- 띠풀 베어 풀방석 짜기
- 뽕잎 말려 가루로 만들기

● 비료 생산법의 하나. 잡초와 버들가지를 소말의 우리에 넣어둔 다음 일정 시간이 지나고 꺼내면 소·말의 배설물과 섞여 천연 비료가 된다.

백로(白露)
- 다북쑥을 베어서 묶어두는데 비를 맞지 않도록 하기*
- 잡초와 떡갈나무 가지를 베어서 소·말 우리에 넣기
- 배추와 상치 파종(김장용)

● 다북쑥은 다음해 봄 벼농사를 지을 때 비로소 쓰는데, 다북쑥을 참째 껍질을 함께 논에 넣은 다음 조앙종을 파종한다.

추분(秋分)
- 차도 수확
- 짚단 펼쳐서 말리기*
- 가을 보리 파종
- 밀 파종

● 짚단 역시 중요한 수확물. 농가에서 짚단의 쓰임새는 너무나 많기 때문에 타작할 짚의 소유 문제는 민감한 사안이다. 짚은 지붕 재료이자 소의 사료가 되며 여러 가지 생활용품의 재료도 된다.

한로(寒露)
- 잡초·떡갈나무 가지 베어두기
- 풀 베어 말려서 쌓아두기*

● 겨울철 소나 말이 먹는 풀의 양이 대단히 많기 때문에 이것을 미리 장만하는 일은 중요한 월동 준비 사항이다. 풀은 비료로도 쓰이기 때문에 논두렁이나 산야의 풀은 자라기가 무섭게 채취되었다.

상강(霜降)
- 들깨 수확
- 늦곡식 수확
- 닥나무 베어내서 가공하기*
- 칡뿌리 채취해서 빗줄 만들기

● 닥나무는 종이를 만드는 지소(紙所) 같은 특수한 지역에서 심었을 만큼 소중했다. 잎이 떨어지면 베어내서 삶아 껍질을 벗겨낸다. 껍질은 종이의 재료가 되고 가운데 줄기는 울타리 재료로 사용했다.

입동(立冬)
- 토실 만들기*
- 갈대와 풀억새를 베어서 봄에 누에설 재료로 쓸 준비
- 담장, 벽, 창호 고치기
- 메주 만들기

● 땅속 작은 창고로, 다음해 농사에 필요한 종자 등을 안전하게 보관하는 곳이다. 특히 얼보리 만들 때 필요하다.

소설(小雪)
- 도리깨로 볏단 타작
- 나머지 곡식 수확
- 밭을 갈아 고랑 만들기*
- 목화밭 뒤집어 엎고 갈기
- 땔감을 쌓아두기
- 억새풀을 베어서 이엉 만들기

● 수확이 끝난 밭을 갈아서 다음 해 봄의 파종에 대비하는 것. 부지런한 농부에게 권고한 사항인 듯하다.

대설(大雪)
- 물고기와 소금 교역하기*
- 땔감 쌓아 두기
- 띠풀 채취
- 사람을 잘 보살피고 말도 또한 잘 돌보기

● 겨울철 반찬과 제수를 미리 마련해두는 것. 대부분의 음식물은 자급자족했지만, 소금과 물고기는 교역을 해서 얻어야 했다.

동지(冬至)
- 토실 만들기
- 소의 등을 두텁게 덮어주기
- 멍석 짜기
- 이엉 엮기

● 농사일은 다 끝나고 사실 농가에서 할 일은 없는 절기. 이때 가을에 수확한 새로운 짚을 이용해서 다양한 생활용품을 만든다. 짚신을 삼거나 새끼를 꼬거나 멍석을 짠다.

소한(小寒)
- 멍석 짜기
- 이엉 엮기

대한(大寒)
- 보리 씨앗 준비*
- 말똥 즙기(더위 먹었을 때의 약)

● 봄에 뿌릴 얼보리 씨앗을 준비하는 작업. 옛 사람들은 날을 택하는 것을 중요하게 여겼기 때문에 씨앗 준비도 날을 택해서 했다. 『농가월령』에는 대한 날에 종자를 물에 적셔서 쇠그릇에 담아 토실에 놓아두라고 되어 있다. 봄 파종 때 씨앗을 적실 물도 미리 마련하도록 권고했다. 납일이라는 날에 내린 눈을 받아서 토실에 얼지 않도록 보관한 뒤에 사용했다. 결과는 알 수 없지만 온 정성을 다한 준비 과정이 씨앗의 발아와 성장에 좋은 영향을 주지 않았을까?

곡식을 갉아먹는 벌레, 산을 넘어오는 건조한 바람 등 하늘이 주는 시련은 많고도 많았다.

'구황'하다가 '부황' 조심하세요 ● 가뭄이 들어 모내기를 못하게 되면 벼를 포기하고 메밀을 대신 파종하여 재배했다. 이렇게 벼 대신 다른 작물의 씨앗을 뿌리는 것을 '대파(代播)'라고 불렀다. 특히 메밀은 다른 밭 작물보다 성장 기간이 월등히 짧아서 7월 중순에 파종하더라도 가을에 수확을 올릴 수 있었다.

이처럼 흉년에 '대파'하는 메밀류를 '구황작물'이라고 하는데, 18세기 후반에는 고구마를 구황작물로 심기도 했다. 북아메리카 원산인 고구마는 일본에 통신사로 다녀온 조엄이 들여왔으며, 이광려·서유구 등 많은 사람들이 그 재배 방법을 연구·정리하고 농가에 널리 보급했다.

그러나 구황작물에만 기대고 있을 수는 없었다. 농민들은 기근 때면 느릅나무 껍질로 떡을 만들어 먹거나 솔잎으로 죽을 만드는 등 먹을거리를 마련하는 '구황'에 직접 나섰다.

이때 풀뿌리와 나무껍질로 연명하다가 얼굴이 누렇게 뜨는 '부황'과 변비가 생기기도 했다. 이를 예방하기 위해 콩가루 섞어 먹는 법, 질경이풀 달여 먹는 법 등을 소개한 한글 책이 편찬되어 널리 배포되기도 했다.

예컨대 기근이 들었을 때 사람들은 구황한다면서 소나무를 도끼로 찍어 흰 껍질을 날로 먹다가 변비와 부황에 걸려 고생하곤 했다. 이를 막으려면 소나무 껍질을 쌀가루와 함께 쪄서 먹거나, 햇볕에 말려 저장해 두었다가 따뜻한 물을 축여 찧거나 썰어서 차진 곡식 가루와 함께 쪄 먹으면 되었다.

노세 노세, 젊어서나 늙어서나 틈나는 대로

민촌의 생활 ❸ 여가와 오락

조선 시대 민중이 얼마나 많은 일을 해야 하고 얼마나 많은 세금을 바쳐야 했는지는 역사 기록에 잘 남아 있다.
그들에게 일을 시키고 세금을 거두어 들이는 것이 '일'이었던 사람들이 기록을 맡았기 때문이다.
그러나 민중의 '놀이'는 역사로 남아 있지 않다. 입에서 입으로 전하며 즐기던 민담처럼 몸에서 몸으로 전해 올 뿐.

▲ 김득신의 「강변에 모여 앉아 술을 마시다(江邊會飮)」: 강가에 배를 대놓고 버드나무 그늘 아래 둘러앉아 술을 마시는 정경. 커다란 밥그릇, 가운데 놓인 생선 토막, 돌려 마시는 술잔 등의 소품이 흥청망청 노는 모습을 깔끔하게 보이게 한다. 18세기.

▼ 「작호도(鵲虎圖 : 까치 호랑이 그림)」
무서운 호랑이를 단순히 무섭게 그리지 않고 웃음 속에서 그 무서움을 찾게 하는 우리 특유의 민화에서 민중의 여유와 해학 정신을 읽을 수 있다.

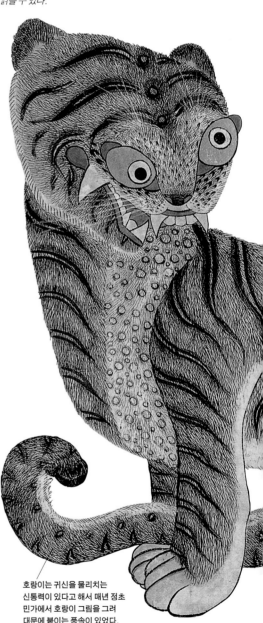

호랑이는 귀신을 물리치는 신통력이 있다고 해서 매년 정초 민가에서 호랑이 그림을 그려 대문에 붙이는 풍속이 있었다.

섣달 그믐 긴긴 밤에 ● "윷이야, 삼이야? 오 금의 떡이야!……자가사리 박실박실하네!(너 희는 윷을 하는 거야, 뭐야? 너희 말은 오금의 떡처럼 달라붙어 움직이지 않네!……자가사리 물고기가 박 실박실 움직이는 것 같네!)"

댕기 머리 총각이 지껄이며 윷을 던지는 이곳 은 마을 사랑방. '모'가 나오자 방이 떠나가라 함성이 터진다. 집 안팎이 다 일터라고 해서 1년 열 두 달 일만 하라는 법이 있을까?

기나긴 섣달 그믐. 힘겨운 한 해 농사를 다 마 친 마을 청년들이 심심풀이로 짜던 멍석을 가져 다 깔아 놓고 윷놀이 삼매경에 빠진다.

윷은 단순한 놀이 기구가 아니라 새해의 운세 를 점치는 도구이기도 했다. 정초가 되면 어디 를 가나 이 놀이를 하며 풍년을 점치는 모습을 볼 수 있었다. 윷이 위는 둥글고 아래는 각진 것

은 둥근 하늘과 모난 땅을 상징했고, 윷판은 수 ─목─화─금─토의 오행에 따라 만들어졌다.

겨울엔 사랑방, 여름엔 모정 ● 마을 사람 들이 여름철에 모이는 공간으로 전라도 지방에 몰려 있는 '모정'이라는 곳이 있었다. 이곳은 마 을 주민이 더위를 피하기 위해 세운 마을의 공 동 건물로, 여름에만 쓰므로 방은 없고 마루로 만 구성된, 작은 초가 건물이었다. 사람들은 일 하는 틈틈이 이곳에 모여 쉬면서 노래와 잡담을 주고받고, 마을 단위 모임도 가졌다.

모정은 일꾼들의 휴식처였기 때문에 마을 입 구나 마을과 들판 사이에 있었다. 따라서 경치 좋고 한적한 곳에 자리잡은 사대부의 정자와는 구분되었고 '식영정'처럼 사대부 정자에 붙는 건물 이름도 따로 없었다.

자루 속에 넣어 둔 송곳처럼 - 사랑방 이야기꾼 ●
마을 사랑방에 사람들이 모이면 그 곳에는 대개 설화 구연(口演)을 도맡다시피 하는 이야기꾼이 있었다.

그런 이야기꾼은 마을에 사는 나이 지긋한 할머니·할아버지일 수도 있었고, 입심 좋은 이웃집 아저씨·아주머니일 수도 있었다. 멀리 다른 지방에 나갔다가 재미난 이야기를 듣고 마을로 돌아온 사람이 이야기꾼 노릇을 맡아 다른 사람들에게 구연하기도 했다.

그러나 한 마을의 이야기꾼이라고 하면 대개는 구연으로 사람을 웃기고 울리는 재주를 지니고 있으며, 입에서 입으로 전해 내려오는 설화도 많이 꿰고 있는 인물이어야 했다.

이야기꾼의 재주는 자루 속에 넣어 둔 송곳처럼 언제라도 튀어나와 널리 알려질 수밖에 없었다. 조선 후기 학자 박지원이 지은 『민옹전(閔翁傳)』에서 "노래 실력이 교묘하고 이야기를 거침없이, 재미있고도 능청스럽게 늘어놓아 듣는 이들의 기분을 뒤바꾸고 트이게 해 주었다"는 민영감은 바로 그러한 전문 이야기꾼이었다.

민유신이라는 이 이야기꾼 영감은 박지원에게 초대되어 음식 먹기 싫고 밤에 잠을 못 자는 그의 병을 고쳤다고 한다. 이처럼 이야기꾼으로 소문나서 명성을 얻게 되면 이 집 저 집 사랑방을 돌아다니며 입담을 펼쳐 내곤 했다.

어떤 이야기 보따리를 풀어놓았나 ●
이야기꾼은 갖가지 설화를 눈앞에 보이듯 풀어내어 손에 땀을 쥐게 하거나 울분에 못이겨 방바닥을 내리치거나 배꼽을 잡고 데굴데굴 구르게 하는 재주를 가지고 있었다.

이야기꾼이 풀어내는 구비 문학에는 당대의 가치 체계도 녹아들어 있었다. 절의(節義)와 충성, 효제(孝悌) 등 보편적이면서도 특히 유교에서 강조하는 가치관은 설화의 세계에서도 커다란 위력을 과시했다.

역사와 관련된 옛날 이야기도 많은 인기를 얻었다. 예를 들면 개성 사람들은 이성계가 돼지띠라고 해서 돼지고기를 넣어 끓인 국을 '성계탕'이라 부르고, 이성계에게 죽임을 당한 최영 장군에게 바치는 돼지고기를 '성계육'이라고 불렀다. 그만큼 이성계와 고려의 충신 최영 이야기는 조선 왕조에 대한 고려 유민의 반감과 그에 공감하는 민간의 시선을 잘 드러내는 이야기였다.

또한 '사육신(死六臣 : 조카를 죽이고 왕위를 빼앗은 수양대군에게 항거하다 죽은 여섯 관료)'과 벗할 것으로 민중의 기대를 모았던 신숙주가 수양대군 편에 서서 변절자로 이름을 날리자, 여름철에 하루만 지나도 곧 쉬어 터져 버리는 녹두나물을 '숙주나물'로 바꾸어 불렀다는 전설도 널리 유행했다. 이것은 '절의'에 대한 숭상이 민중의 공감을 불러일으켰기 때문이다.

「작호도」는 호랑이가 토끼를 잡으려다 골탕을 먹는 민담을 그린 것. 지배층에 시달리는 백성의 억울함과 지배층에 대한 풍자가 깃들여 있다.

빨래터에서 수다로 푸는 여인들 ●
남자들이 마을 사랑방에 모여 세상 돌아가는 얘기와 음담패설 등으로 밤을 지새웠다면, 마을 여자들에게도 '금남의 장소'가 있었다. 남자들이 피해서 돌아가야 하는 그곳은 폐쇄된 공간이 아니라 마을이면 어디나 있는 툭 트인 공간, 빨래터였다.

조선 시대 옷은 바느질한 부분을 일일이 뜯어서 빨래를 했으므로 두드려 빨 수 있었다. 여자들은 빨래터에 모여 앉아 빨래를 두드리며 집안일의 고단함, 남편에 대한 불만, 살림 걱정 등 세상살이의 온갖 상념을 함께 두드렸다. 그렇게 수다로 푸는 가운데 하루가 가고 한해가 갔다.

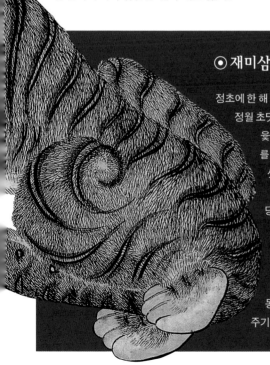

⊙ 재미삼아 보는 점(占), 답답해서 보는 점

정초에 한 해 신수를 보는 점으로는 윷점과 오행점, 그리고 『토정비결』이 있었다. 정월 초닷새가 지나면 점쟁이를 찾아가서 그 해 신수를 묻기도 했다.

윷점은 설날 윷을 던져 길흉을 점치는데, 대개 윷을 세 번 던져 그것으로 괘를 만들어서 운수를 보는 방식이었다. 음양오행설에 기초한 오행점은 다섯 개의 나무와 엽전에 5행 각 글자를 새기고 이것을 던져서 점을 쳤다. 『토정비결』은 16세기 사대부인 토정 이지함이 만들었다고 전해진다. 당시 집권 세력인 훈구파는 정치 경제적 파행을 거듭했고, 농사 지을 땅을 잃은 백성은 고향을 등지거나 임꺽정과 같은 무리를 따랐다. 이런 시기에 이지함은 충청도 아산현감을 지내면서 걸인청을 만들어 거지와 노약자, 굶주림에 시달리는 사람들을 구제할 정도로 백성의 현실에 가슴 아파했다. 『토정비결』은 똑 떨어지는 예언을 제시하기보다는 노력과 행동에 따라 악재를 피하고 호재를 만날 수 있다는 식으로 사람에게 희망을 주기 때문에 힘들게 살아가는 백성에게 인기를 끌었다.

▲ 『토정비결(土亭秘訣)』
앞날의 길흉을 예언하는 내용을 적은 도참서. 태어난 연월일과 시를 숫자적으로 따져 새해의 운세를 보았다. 연세대학교 도서관 소장.

예악(禮樂)의 나라 조선 1번지

宗廟

예의 으뜸은 제례이며 제례의 으뜸은 종묘 제향 죽은 이를 제사 지내는 종묘를 '예악 1번지' 라고 한다면, 유교는 '죽음'을 어떻게 보는지가 궁금해진다. 유교에서는 사람이 죽으면 혼백이 나뉘어 혼은 하늘로, 백은 땅으로 돌아간다고 설명한다. 그런데 효를 중시하는 유교에서 '지금의 나'를 있게 한 근본인 조상의 혼백이 함부로 떠돌아다니게 할 수는 없는 노릇. 그래서 조상의 혼을 제사 지내기 위해 사당(묘:廟)을, 백을 위해 무덤(묘:墓)을 만들도록 했다. 왕실 사당인 종묘는 왕이 조상들을 제사 지냄으로써 효를 실천하는 장소였으며, 이러한 제사야말로 모든 예의 으뜸이었다. '예'의 본래 뜻도 제사와 관련이 있다. 한자의 어원을 밝힌 『설문해자』에 따르면 '예(禮)' 는 '땅귀신 기(示)' 와 '풍년들 풍(豊)'을 합친 글자이다. 여기서 '기'는 신적 존재요, '풍'은 제기에 제물을 담아 신에게 바치는 제사 의례를 뜻한다. 동양의 음악 고전인 『악기』에 따르면, '악(樂)' 은 사람의 마음이 물(物)에 감응하여 기악 연주·노래·춤으로 표현된 것이다. 그런데 엄숙하고 조용하게 치러야 할 것 같은 제사에 악이 따르는 이유는 무엇일까?

조선은 유교의 나라요, 유교 문화의 핵심은 예악(禮樂)에 있다. 예란 사람이 지켜야 할 근본 도리를 행동 규범으로 정해 놓은 것이고, 이러한 예에는 악이 따른다. 예악을 중시한 조선 사람들은 삶의 모든 영역에서 어떻게 처신할 것인지 조목조목 프로그램을 만들어 놓고 있었다. 왕실 제사를 지내던 종묘에서 우리는 그처럼 치밀한 프로그램의 정수를 맛볼 수 있다. 현재 서울특별시 종로구 훈정동 1번지에 있는 종묘가 조선 시대에는 '예악의 1번지'였다.

▶ **망료위** : 오늘날 종묘대제가 끝난 뒤 제사에 쓰인 축(祝)과 폐(幣)를 불사르는 곳. 종묘 정전 뒤 서북쪽에 있다.

취위(就位)하는 제관들 : 제사를 시작하기 전, 제관들이 홀을 든 채 각자 정해진 위치에 서기 위해 일렬로 종묘 정전 앞기둥을 지나가고 있다. 앞에 보이는 상은 제사에 쓰이는 술이 놓인 준소.

예가 엄격한 절차로 국왕의 권위와 국가의 질서를 세운다면, 악은 사람의 감성에 호소해 공동체의 화합과 결속을 다지는 기능을 했다. 요컨대 예와 악은 서로를 보완하며 하나가 된다. 국가 차원에서 치르는 예에는 오례(五禮 : 길례(吉禮)·흉례(凶禮)·빈례(賓禮)·군례(軍禮)·가례(嘉禮)]가 있는데, 제례인 길례는 오례 가운데 으뜸으로서 국가를 운영하는 이념적 근간으로 여겨졌다. "국가의 대사(大事)는 제사와 군사에 있다"(『조선왕조실록』)고도 했다. 이렇듯 제사인 길례가 중시된 것은 조상이 베푸는 음덕(蔭德)을 바탕으로 신과 인간의 만남을 통해 모든 백성이 화합하고, 제사 절차의 엄정함을 통해 임금과 신하의 질서가 바로잡히기 때문이었다. 제례는 다시 제사 대상에 따라 천신에 지내는 사(祀)·지기에 지내는 제(祭)·인귀에 지내는 향(享)·공자에 지내는 석전(釋典)으로 나누기도 하고, 제사 대상의 중요도에 따라 대사(大祀)·중사(中祀)·소사(小祀)로 나누기도 했다. 이 가운데 가장 중요하게 여긴 제사는 물론 왕의 선조에게 올려 왕통을 확립하는 종묘 제향(祭享)이었다.

국가 의례의 정점, 종묘 제향

종묘 제향은 어떻게 완성되었나 ─ 종묘 제향의 예악 체계가 완성된 것은 15세기 후반 성종 때였다. 오른쪽 그림은 바로 그 시기, 조선이 유교 국가의 모습을 제대로 갖추고 국왕이 그러한 유교 국가의 정점으로 선 시기에 시행된 종묘 제향을 옛모습 그대로 재현한 것이다 (정전은 본 건물 일곱 칸에 동쪽과 서쪽으로 각각 협실 두 칸이 있었다. 동·서월랑은 지금과 같다). 1395년(태조 4년) 10월에 처음 올린 종묘 제향은 '추존된' 태조의 선왕들에 대한 제사인지라 아무래도 옹색한 면이 있었을 것이다. 조선 왕조는 국가 의례를 유교식으로 정비하고 시행하는 일을 서둘렀지만, 유교 의례의 실시는 불교나 민간 신앙 등 전래 관행들과 마찰을 빚기 일쑤였고 유교 의례에 대한 올바른 접근도 쉽지 않았다. 그러나 종묘 제향을 정점으로 하는 국가 의례는 태조 이래 꾸준한 체제 정비 과정과 맞물리면서 진행되어, 세종 때 그 근간이 마련된 뒤 1474년(성종 5년)『국조오례의(國朝五禮儀)』가 나올 때까지 단계적으로 완성되었다.

▲ 15세기 종묘 제향
조상신에게 두 번째 술잔을 올리는 '아헌례' 장면. 정전 건물과 제향의 배치는 『국조오례의 서례』에, 등가·헌가·무무는 『악학궤범』에 근거했다.

❶ 등가 : 정전 앞 계단에서 연주하는 악단. 하늘〔天〕을 상징.

❷ 헌가 : 계단 아래 뜰에서 연주하는 악단. 땅〔地〕을 상징.

❸ 무무 : 선왕들의 무공을 칭송하는 춤. 칼과 창, 활과 화살을 들고 춘다. 문무와 더불어 인사(人事)를 상징.

❹ 협률랑 : 휘〔麾〕를 들어 악과 일무를 지휘.

❺ 집례 : 제향이 진행되는 순서를 소리내어 읊는 제관.

❻ 헌관 : 제례의 각 단계를 거행하는 제관들.

❼ 종친

❽ 문무백관

조선 시대에는 사계절의 첫 달(1·4·7·10월)과 납일(臘日:12월에 날을 잡아 지내는 섣달 제사)에 지내는 정기적인 제사와 나라에 흉한 일이나 좋은 일이 있을 때마다 지내는 임시 제사가 있었다. 또한 계절에 따라 햇과일과 햇곡식이 나오면 간단하게 지내는 천신제(薦新祭)가 있었다. 제향은 축시 1각(새벽 1시 15분경)에 수백 명이 참가하는 가운데 시작된다.

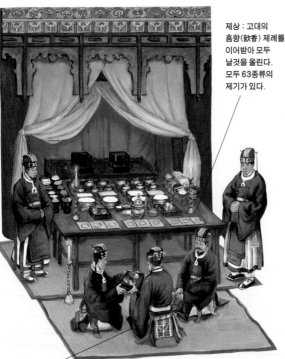

제상 : 고대의 흠향(歆香) 제례를 이어받아 모두 날것을 올린다. 모두 63종류의 제기가 있다.

제관 : 천조례 때 각 실에 고기 담은 그릇을 올리는 천조관. 호조판서나 3품 당상관이 맡는다.

▲ 제례 : 천조관이 선왕에게 쇠고기·양고기·돼지고기를 차례대로 올리는 천조례. 헌가에서 풍안지악을 연주한다. 천조례가 끝나면 쑥·차기장·메기장에 기름을 발라 화로에서 태운다. 제상은 현재 태조실을 참조했다.

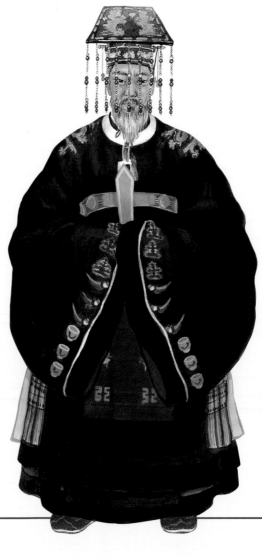

축 : 악의 시작을 알리는 악기. 절구통 처럼 생긴 네모난 상자를 채로 쿵쿵 친다.

◀ 제주(祭主) : 왕이 세자와 문무백관, 종친을 거느리고 친히 제향을 올리는 경우를 친행(親行), 세자나 영의정이 대행하는 경우를 섭행(攝行)이라고 했다. 친행의 경우, 왕은 선왕에게 첫 술잔을 올리는 초헌관이 된다. 제향 7일 전부터 왕은 몸과 마음을 정결하게 하는 재계(齋戒)를 한다. 제향 전날 궁궐에서 나와 종묘에서 머물다가 제향이 끝나면 환궁한다. 제관인 왕은 면류관에 면복을 입고 청옥으로 된 규를 들었다.

종묘 제향은 무엇으로 이루어졌나 — 종묘 제향은 제례와 제례악으로 이루어진다.

이러한 예와 악을 정립하는 데 결정적 역할을 한 사람은 세종이었다. 세종이 고금의 의례를 연구한 결과는
『세종실록』 오례의 길례조에 일단 정리되었고, 그 후 성종 초까지의 경험을 합쳐 집대성한 것이 예의 헌법,
『국조오례의』였다. 세종 이전 종묘 제향에서는 고려에서 전래된 아악이 미비한 상태로 연주되었다.
세종은 "예는 중히 여기면서 악에는 소홀"한 현실을 안타까워하며 박연을 시켜
아악을 정비, 1430년(세종 12년)부터 종묘 제향에서 제대로 된 아악을
연주하도록 했다. 세종은 나아가 "우리 조상은 살아서 우리 음악(향악)을 들었는데
돌아가신 후에 중국 아악으로 제례를 올리니 이치에 맞지 않는다"고 말하며 "하룻밤
사이에 막대를 짚어" '보태평'·'정대업' 등을 직접 완성했다(『세종실록』). 또한 정간보라는
악보를 창안하여 보태평과 정대업 등 신악을 기록해 두었다. 세조는 세종의 뜻을 받아
'보태평'과 '정대업'을 종묘 제례악으로 채택했다. 1464년(세조 8년), 종묘 제향에서
보태평과 정대업이 연주되면서 조선 색깔의 종묘 제례악 전통이 시작되었다.

무무를 출 때 손에
쥐는 나무로 만든 칼.
이외에도 창, 활과
화살을 들었다.

▼ 춤(舞) : 종묘 제례악을
구성하는 악·가·무의 3요소
중 '무'. 역대 선왕의
문덕(文德)과 무공(武功)을
기리는 일무(문무와 무무)로,
여섯 줄에 맞추어서
'육일무' 라고 한다.

樂 종묘 제례악은 종묘 제향에서 행해지는 기악(樂)·노래(歌)·춤(舞) 일체를 말한다.
종묘 제향의 각 절차에 맞추어 등가와 헌가에서 교대로 악기를 연주하고 선왕의 공덕을
기리는 악장을 노래하면서 '일무' 라는 춤을 추는데, 일무는 문무와 무무를 교대로 춘다.
초헌례까지는 '보태평지악' 에 맞춰 '보태평지무(문무)' 를 추며 그 이후부터는
'정대업지악' 에 맞춰 '정대업지무(무무)' 를 춘다.

문무를 출 때
드는, 구멍이
셋 뚫린 관악기인
약(왼쪽)과
꿩 깃털로 장식한 적.

편종 : 고려 때 편경과 함께
수입되어 아악 연주에 사용되던
타악기. 16개의 편종 크기는
모두 같고 두께에 따라 열여섯 음의
높낮이를 조율한다.

편경 : 고려 때 수입. 돌로 만든 타악기.
1426년(세종 7년) 소리가 맑은 경돌을
발견하여 편종과 함께 우리 나라에서
직접 만들었다. 종묘 제례악에서
고정 선율을 담당한다.
ㄱ자 모양의 경돌 두께에 따라 소리가
낮기도 하고 높기도 하다.

집박 악사 : 박을 치며
등가와 헌가 악단을
이끄는 악사.
악의 시작과 끝을 알림.

어 : 악의 마침을 알리는
악기. 호랑이 목덜미를
채 끝으로 세 번 친 다음,
등줄기의 톱니를 세 번 긁는다.

도창

◀ 기악(樂)과 노래(歌) : 종묘 제례악을 구성하는 악·가·무의 3요소 중
'악' 과 '가'. '악' 은 편종·편경과 같은 아악기와 방향·당피리·아쟁같은
당(唐)악기, 대금과 같은 향(鄕)악기가 어우러진 기악 연주이고,
'가' 는 '도창' 이라는 악공들이 부르는, 한시로 된 노래인 악장이다.
악장은 보태평 11곡과 정대업 11곡으로 선왕의 문덕과 무공을 칭송한다.

종묘 제향은 어떻게 진행되었나 — 우리는 앞에서 500년의 시간을 거슬러, 조선 전기의 종묘 제향과 종묘 제례악을 옛모습 그대로 생생하게 재현했다. 아래에는 그러한 조선 전기 종묘 제향의 절차를 일목요연하게 도표로 정리해 놓았다. 이 모든 것이 성종 때 간행된 『국조오례의』와 『국조오례의 서례(國朝五禮儀序例)』, 『악학궤범(樂學軌範)』(1493) 등이 있기에 가능한 일이다. 이들 책은 종묘 제향과 종묘 제례악의 모든 것, 심지어는 왕이 신는 버선의 끈까지 시시콜콜하게 글과 그림으로 정해 놓고 있다. 위의 세 책을 통해 조선 사람들이 얼마나 집요하고 꼼꼼한 기록 정신의 소유자였는지, 그리고 그들이 국가 의례를 포함한 삶의 여러 영역과 행동 절차를 얼마나 치밀하게 계산하여 표준이 되는 프로그램을 만들고 그에 맞추어 살려고 애썼는지를 엿볼 수 있다.

의례와 삶을 이처럼 표준화하려는 시도를 보면 지나친 형식화로 흐를 위험도 느껴지지만 그보다는 '예에 의한 통치(禮治)'를 강조한 조선의 철저한 예악 정신 앞에 숙연해지는 마음이 앞선다.

		조 상 신 을 맞 이 하 는 절 차				조 상 신 이 즐 기 는	
예禮	제례	제관이 정해진 자리에 선다.	각실에서 선왕 부부의 신주를 설치하고 왕이 나오면 행사 시작을 요청한다.	• 삼상향(三上香): 향을 세번 나누어 향로에 넣는다. • 관창(灌鬯): 울창주를 잔에 부어 땅에 뿌린다. • 전폐(奠幣): 폐백을 올린다.	각실의 제상에서 청백 보자기를 제거하고 비(匕)를 정(鼎)에 꽂는다.	쇠고기·양고기·돼지고기를 생갑에 담아 바친다.	초헌관이 첫 술잔으로 예제(醴)를 올리고 축문을 낭독한다. (축문 낭독할 때 풍악 정지)
	제례절차	**취위(就位)** 정해진 위치에 섬	**청행(請行)** 행사 시작을 요청함	**신관(晨祼)** 혼백을 불러오는 의식	**진찬(進饌)** 제물을 진설	**천조(薦俎)** 조를 바침	**초헌(初獻)** 첫 술잔을 올림
악 樂	악		헌가 - 보태평지악	등가 - 보태평지악		헌가 - 풍안지악	헌가 - 보태평지악
	가		**희문(熙文)** 조상님의 크신 공덕 우리 후손 열어 주사 / 아아 밝고 맑음이여 그 얼굴 그 음성 / 엄정하고 공손하게 제사 삼가 받드오니 / 우리를 유호되 사하여 성한 이로 하샷다(신의 모습과 소리를 마음으로 생각합니다).	**전폐희문(奠幣熙文)** 엷은 예로 올리오니 마음 열어 주웁소서 / 광주리를 받들어서 여기 폐백 올립니다. / 선조께서 돌아보사 흠향 즐겨 듭시오면 / 공경하여 올린 예로 마음 밝고 고요하리.	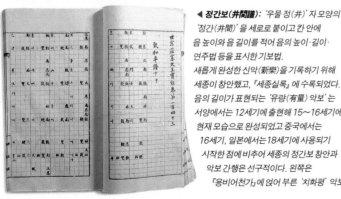 선왕의 문덕을 기리는 문무.	**풍안악** 정성 조심 다한 음식 제기 받쳐 올립니다. / 제기 이미 올리옵고 아악 또한 화주하고 / 향기로운 효사에 신이 그 우에 계실까?	**희문(熙文)** 위대하신 여러 성군 나운을 여시니 / 찬란한 화 정치 대대 이어 창성네. / 원하오니 이 성마 길이길이 찬송하며 / 직 이를 노래 없어 베풀어서 부릅니다.
	무		보태평지무(문무)	보태평지무(문무)			보태평지무(문무)

왕은 각 실로 나아가 위의 의식과 같이 한다. | 각 실에서 위의 의식을 같이 한다. | 왕은 각 실로 나아가 위의 의식 과 같이 한다.

▲ **조선 전기의 종묘 제향 프로그램**: 현재의 종묘 대제와 다른 점이 몇 가지 있다. 옛날에는 왕이 각 실을 돌면서 모든 제례 절차를 반복했는데, 지금은 제주가 1실(태조실)에서만 직접 하고 다른 실에서는 초헌관을 배치하여 태조실과 동시에 진행한다. 옛날에는 '망예'라고 하여 축과 폐를 땅에 묻었는데, 지금은 망료 위에서 태운다(61쪽 사진). 또 옛날에는 문무가 무무로 바뀔 때 춤추는 이도 바뀌었는데, 지금은 문무와 무무를 추는 이가 같고 무무의 의장도 사라졌다. 무무를 출 때 옛날에는 칼과 창, 활과 화살을 들었는데, 지금은 칼과 창만 든다. 조선 전기에는 6일무였는데 지금은 대한제국 이래의 예에 따라 8일무를 추는 것도 달라진 점이다. 프로그램 전체는 『국조오례의』, 악장의 가사는 『악학궤범』에 의거했다.

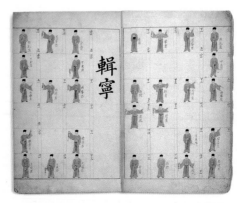

◀ **정간보(井間譜)**: '우물 정(井)'자 모양의 '정간(井間)'을 세로로 붙이고 칸 안에 음 높이와 음 길이를 적어 음의 높이·길이·연주법 등을 표시한 기보법. 새롭게 완성한 신악(新樂)을 기록하기 위해 세종이 창안했고, 『세종실록』에 수록되었다. 음의 길이가 표현되는 '유량(有量) 악보'는 서양에서는 12세기에 출현해 15~16세기에 현재 모습으로 완성되었고 중국에서는 16세기, 일본에서는 18세기에 사용되기 시작한 점에 비추어 세종의 정간보 창안과 악보 간행은 선구적이다. 왼쪽은 『용비어천가』에 얹어 부른 '치화평' 악보.

◀ **『시용무보(時用舞譜)』**: 조선 시대 종묘 제향 때 추던 일무(佾舞)의 내용을 기록한 책. '보태평악(保太平之樂)'과 '정대업지악(定大業之樂)'에 맞추어 추던 문무와 무무의 춤사위를 하나하나 그림으로 그려 넣었다. 1행을 크게 6칸으로 나누어 오음 악보로된 악보에 맞추어 춤사위를 하나하나 그려 넣고, 춤동작을 설명하는 용어를 그림 왼쪽에 적어 넣어 완벽한 무용 도해를 만들었다. 필사본. 1권 1책. 연대·편자 미상. 84쪽. 34.5×51.5cm. 국립국악원 소장.

『조선경국전』에서는 "종묘에서 조상의 거룩한 덕을 찬미하기 위한 제례악을 연주하면 조상이 감격하고…(중략)…또 이를 방방곡곡에 널리 퍼뜨리면 교화가 실현되고 풍속이 아름답게" 된다고 했다. 조선 왕실의 선조에게 바친 종묘 제향과 종묘 제례악은 돌아가신 선조에 대한 효의 실천이자 유교 문화의 백미로서의 예악을 보여 준다. 유교 종주국인 중국에서마저 사라진 종묘 제향, '영원의 예술'인 종묘 제례악. 500여 년의 시간 동안 이어져 오면서 21세기를 사는 우리에게 인간됨의 근본에 대한 성찰을 제공하고 동양적 종합 예술의 미를 만나는 감격을 선사한다.

◀신실(神室)로 향하는 왕과 제관들 : 현재는 일년에 한 번, 5월 중 하루의 낮 시간에 종묘 대제가 거행된다. 종묘대제에서는 황세손 이구가 제주를 맡고 있다.

절 차		조 상 신 을 보 내 는 절 차			
아헌관이 앙제(盎齊)를 올린다. 축문은 읽지 않는다.	종헌관이 아헌과 똑같이 한다. 칠사헌관과 배향공신헌관도 각각 술잔을 올린다.	제사에 쓰인 술과 음식을 먹고 조상신이 주는 복을 받는다.	• 변과 두 한 개씩을 철수한다(자리를 조금씩 옮긴다). • 칠사와 공신의 변·두를 철수한다.	• 예의사가 예가 끝났음을 알린다.	아헌관이 망예 위 앞에 서면 축판과 폐백을 광주리에 담아 구덩이에 넣고 흙으로 반쯤 덮는다. 망예 뒤에 신주를 원래대로 모신다.
아헌(亞獻) 두 번째 술잔을 올림	**종헌(終獻)** 마지막 술잔을 올림	**음복(飮福)** 음식을 먹고 복을 받음	**철변두(徹籩豆)** 제수를 거둬 들임	**송신(送神)** 신을 보냄	**망예(望瘞)** 축과 폐를 묻음
헌가–정대업지악	헌가–정대업지악		등가–옹안지악	헌가–흥안지악 1장만 연주	
소무(昭武) 하늘께서 우리 성군 돌보시고 도우시사 대를 이어 무공을 밝게 빛냈도다. / 무상의 무공을 선양하셨으니 이에 여기 노래하고 다시 춤을 추나이다.	**혁정(赫整)** 섬 오랑캐가 요량 없이 우리 변방 침해하니 /……만 척의 배가……그 소굴을 쳐부수니 / 비유컨대 기러기 털이 불길에 활활 타는 듯 / 고래 파도 이내 멎어 길이 안정하였도다.		**옹안지악** 저희들이 제기에다 제물 담으니 / 목기에 죽기에 담았에라 / 제물들이 향기로워 조상 오심 완연토다. / 우리 제례 마치옵기에 철상 고함을 경건히 하옵니다.	**흥안지악** 제사가 다 법도대로 되었으니 신령이 안락하셨으리. 떠나가심 머지않건만 우리들을 힐끗 돌아보시도다. 무지개 깃발처럼 구름 타고 멀리 가시도다.	
정대업지무(무무)	정대업지무(무무)				

선왕의 무공을 기리는 무무.

각 실에서 위의 의식과 같이 한다.　　각 실에서 위의 의식과 같이 한다.

과거와 현재의 전령사들
종묘 제향을 되살리는 사람들

종묘 제례(중요무형문화재 56호)와 종묘 제례악(중요무형문화재 1호)은 2001년 5월 18일 유네스코 '세계무형유산걸작'으로 선정되었다. 자칫 잊혀질 수 있었던 과거의 유산이 살아남아 세계인의 문화유산이 되기까지는 당연히 그것을 보존하고 재현하기 위한 많은 사람의 노력이 있었다.

조선 시대에 종묘 제례는 왕실 주관 아래 엄격하게 치러졌으며, 종묘 제례악은 장악원 등에서 담당했다. 조선 왕조가 없어진 일제 시대에도 종묘 제례와 종묘 제례악은 이왕직(李王職 : 일제 때 조선 왕실을 관리하던 관청)과 이왕직아악부 주관으로 계속되었으나, 해방과 전쟁 등으로 오랫동안 중단되었다.

1969년에 와서야 전주이씨대동종약원에서 주관하여 제례를 올리기 시작했으나 의복이나 제수 등을 격식대로 갖추지 못했다. 1975년 종묘대제봉향위원회가 구성되고 정부 지원 하에 종묘대제라는 명칭으로 제향이 올려지고 있다. 현재 종묘 제례악은 국립국악원에서 종묘 제례악보존회로 이관되어 전승되고 있다. 이왕직아악부 출신인 성경린·김천흥 등이 이러한 전승의 주역이었다.

한편, 현재의 종묘 제례악의 원형이 일제 시대를 거치며 왜곡되었다는 주장과 종묘 제례악도 시간에 따라 변하는 것이라는 주장 사이의 논쟁도 있다. 전자는 종묘 제례와 제례악이 지난 500여 년의 전승 과정에서 일제 때의 왜곡을 제외하고는 변하지 않았으니, 세종 때 완성된 원형을 되찾자고 한다. 이에 반대하는 쪽에서는 종묘 제례가 조선 시대의 양난을 전후한 시기에 중단되기도 했고 대한제국 때 변형되기도 했다고 주장한다. 이처럼 종묘 제례와 종묘 제례악이 가진 역사적·문화적 내용과 의의는 아직도 많은 관심과 연구를 기다리고 있다.

조 선 생 활 관 1

저ㄴ시 PART 2

이곳에서는 조선 전기 생활사와 관련된 여러 가지 주제를 다양한 구성과 깊이 있는 해설을 통해 풀어 줍니다. '가상체험실'에서는 한양과 향촌에 사는 왕·사대부·농민 등 여러 계층의 사람들이 서로 다른 시간 속에서 살아가는 모습을 재미있게 다루면서 시간과 관련된 조선의 천문 관측 기술도 보여 줍니다. '특강실'에서는 고려 말에 들어온 성리학이 조선 사람들의 일상생활에 스며들어간 과정, 훈민정음 창제로 확인된 조선 시대 언어 생활의 면모를 흥미롭게 강의합니다. 마지막으로 '국제실'에서는 한자 계통과 알파벳 계통 두 가지로 크게 나뉘는 세계의 문자들을 살피면서 훈민정음의 독창성과 과학성을 되새깁니다.

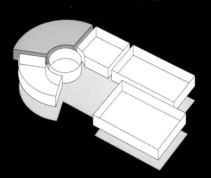
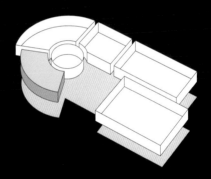
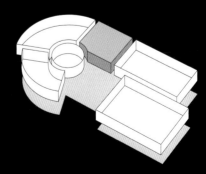

우리 현대인은 촘촘하게 짜여진 '시계 문명' 속에서 일분 일초를 다투며 살아가고 있다. 한 장소에 모여서 함께 일하는 산업 사회의 특징 때문에 우리는 정해 놓은 시간에 일상의 리듬을 맞추도록 길들여졌다. 그렇다면 우리와 삶의 기반이 달랐던 조선 – 농업 국가이자 유교 국가이며 제왕의 나라였던 조선에서 살았던 사람들은 어떤 시간 속에서 살았을까? 또 현대처럼 기계 시계나 전자 시계가 없던 조선에서는 시간을 어떻게 측정했을까?

조선의 시간 생활과 시계

조선 시대에는 '시간(時間)'이란 말 대신 '시(時)'라는 말이 쓰였다. '시'는 중국 고대의 요 임금 때 하지와 동지를 측정하는 천문 관리의 이름이었다고 한다. 조선 시대 사람들은 이 천문 관리처럼 밤에는 별자리를 보고 낮에는 해의 위치나 해 그림자의 길이를 보며 시간을 가늠했다. 하늘이 알려 주는 시간은 누구에게나 똑같았지만 그 시간을 활용하는 방식은 사는 곳에 따라, 하는 일에 따라 달랐다.

❷ '새벽을 다스리는(사신:司晨) 첫닭이 요란하게 울자, 농촌의 하루가 시작된다. 어제는 동짓날. 새벽부터 메주를 쑤는 아낙네의 손놀림이 바쁘다. 내년 농사에 쓸 농기구를 손보던 남정네는 잠시 일손을 멈추고. 동트는 새벽 하늘을 쳐다보며 보리 농사의 풍흉을 점친다. 이처럼 농부들은 하늘의 변화에 민감하다. 특히 태양의 움직임에 따라

일년을 나눈 '24절기'는 농사 짓고 살림 꾸리고 세시풍속을 챙기는 데 더할 나위 없이 중요하다. 농부에게는 한 달에 두 번 꼴로 오는 절기가 기본적인 시간 단위였을 것. 절기는 해를 두고 거듭되므로 농촌의 시간 생활은 주기적이고 반복적인 리듬으로 짜여진다. 어느덧 낮과 밤의 길이가 같다는 춘분이 왔다. 논 갈러 가자.

❹ 한양 어느 양반가의 밤 풍경. 점잖은 체면의 양반이 자다 말고 사랑채 밖으로 뛰쳐 나간다. 손자가 태어났다는 전갈이 막 안채로부터 왔다. 별자리를 보며 시를 헤아리니 2경, 곧 해시(亥時 : 밤 9시에서 11시 사이). 아들이 급히 사주(四柱)를 받아 적는다. 날이 밝기를 기다려 이 양반은 점쟁이에

게 갓난아이의 운명을 점치게 한다. 태어난 시를 챙기고, 정확한 시간에 제사를 지내고, 정시에 출근하는, 잘게 쪼개진 시간이 한양 사족의 생활과 연관되었다. 이런 시간 단위가 점점 많은 사족들 사이에서 공유되면서, 커다란 덩어리의 모호한 시간이 아닌 '명확하고 분절된 시간'이 점점 중요하게 된다.

같은 하늘 아래, 조선과 현재의 시제

1 세종 때는 하루를 12시(時)와 100각(刻)으로 나누었다. 각 시는 초(初)와 정(正)으로 2등분하여 '자초(子初)', '자정(子正)' 하는 식으로 불렀다. 각은 15분 정도인데 실제 생활에서 잘 쓰이지 않았다. 밤에는 '5경제(五更制)'도 썼다. 밤 시간 전체에서 해진 후 1등성 별이 보이기 시작할 때까지의 '혼각'과 별이 보이지 않기 시작해서 해가 뜰 때까지의 '신각'을 뺀 나머지 시간을 5경으로 나누고 각 경은 5점(點)으로 나누었다. 해가 지면 자고 해가 뜨면 일어나는 일상 활동에 맞춘 것인데, 밤의 길이는 계절에 따라 달라지므로 각 경의 길이도 그때마다 달랐다. 한양에서는 큰길에 종루(鐘樓)를 만들고 여기에 큰 종을 달아 초경 3점에는 인정(人定)을 28번, 5경 3점에는 파루(罷漏)를 33번 쳐서 시간도 알리고 성문도 여닫았다.

3 보리의 가을이라 망종(芒種)인지, 일이 많아 쉬는 걸 잊는다는 망종(忘終)인지……. 보리 이삭도 거두고 모내기도 해야 한다. 한참을 일하다 배고파지니 해가 중천에 걸려 있다. 한 식경이 지났을까? 배가 출출하다. 첫물에 딴 오이에 된장을 푹 찍고 막걸리 한 사발을 들이켠다. 세상에서 가장 정밀한 시계는 농부의 위장이라고 했던가. 해가 뜨면 들로 나가고 해가 지면 집으로 돌아오는 농부는 해의 움직임을 자연스럽게 몸에 익힌다. 농부는 자신의 몸, 나무, 처마의 해 그림자, 해의 위치, 주변 경치의 변화를 통해서 절기를 파악했을 것이다. 흰 이슬이 내린다는 백로에는 가을 하늘의 청명함이 극치를 이루고 따가운 햇살에 오곡백과가 여물어 간다. 늦가을 서리를 맞기 전에 추수를 마쳐야 한다. 목화도 따두어 솜옷을 장만하자.

5 세종 4년 정월 초하루, 창덕궁 인정전 월대 앞. 세종이 일식에 맞춰 '구식례(救食禮)'를 치르려 했으나 예보가 빗나가고 만다. 이날 일식을 1각 앞당겨 예보한 이천봉에게 장형이 내려졌다. 세종은 일식 예보가 틀린 원인을 곰곰이 따져 본다. 중국에서 수입한 역법에 따른 시간이 조선의 시각과 차이가 있었던 것. 구식례의 경우처럼 왕실에서는 정교하게 나눈 시간이 요구되게 마련이다.
이제 세종은 조선의 실제 시각을 측정하는 일을 더 이상 미룰 수 없다고 생각한다. 세종은 정초와 정인지, 장영실을 불러오게 한다.

❻ 한양의 북극고도(38도 1/4)를 측정하라. 세종의 '간의(簡儀) 프로젝트'는 이 수치를 얻어내기 위해 '간의'를 시작으로 다양한 천문 기구를 제작한 대규모 국가 사업이다.

세종은 중국에서 수입한 역서(曆書) 대신 한양을 표준으로 하는 역서를 만들어 백성들에게 보급하기로 결심한다. 그에 따라 1432년에 한양의 북극고도를 측정하기 위해 간의를 만들도록 한다. 세종은 정초와 정인지 두 학자에게 간의 제작과 관련한 원리를 연구하도록 하고 이천과 장영실에게 이를 제작, 감독하라는 명령을 내린다. 우선 나무로 만들어진 목간의가 완성된다.

목간의는 일종의 맛보기 제품으로 이를 통해 한양의 북극고도가 38도 1/4임을 확인하자, 본격적으로 청동으로 된 '대간의'를 제작한다. 어느 정도 간의의 형태가 완성될 즈음에 세종은 호조판서 안순에게 명령하여 경복궁 후원 경회루 북쪽에 돌을 쌓아 간의대를 만들도록 한다. 간의대 위에 돌난간을 두른 후 대간의를 설치한다. 간의대 서쪽에는 동과 청석을 깎아 '규표(圭表)'를 만든다. 하루 중 해가 가장 높이 뜨는 정오에 그림자의 길이와 위치를 관측함으로써 절기와 시각 등을 정확히 계산할 수 있다.

대간의는 대간의대에 그대로 두고, 소간의 두 개를 만들어 하나는 천추전 서쪽에 두고 하나는 서운관에 하사하여 천문 관측에 활용하도록 한다. 또한 해시계인 앙부일구를 만들어 백성이 널리 시간을 알도록 한다.

'일성정시의(日星定時儀)'는 밤 시각도 측정하기 위해 만든 일종의 해시계 겸 별시계. 만춘전 동쪽에 하나를, 나머지는 서운관과 국경 지역인 동서 양계에 나누어 보내 정확한 시각을 알 수 있도록 배려한다. 이동하는 군사들이 시각을 알 수 있도록 휴대용 해시계 '천평일구'도 제작한다.

경회루 남쪽에 세 칸짜리 보루각을 짓고 이 안에 '자격루(自擊漏)'를 설치한다. 자격루는 이름 그대로 '자동으로 시간을 알려 주는 물시계'. 자격루 이전에는 물시계를 맡은 군사가 밤에 졸다가 시간을 알리는 때를 놓쳐 처벌받은 일이 종종 있었다. 세종은 군사가 실수할 것을 염려하여 장영실에게 자격루를 만들게 한 것이다. 이제 자동 시보 장치에서 흘러나오는 소리와 '시패(時牌)'를 통해 눈과 귀로 간편하게 시간을 알 수 있다.

❷ 작은 쇠구슬 : 잣대가 위로 올라가면서 시간에 따라서 구리판 구멍의 여닫이 기구를 젖혀 주면 기구 위에 있던 탄알 크기만한 작은 구슬이 떨어져 자동 시보 장치와 연결된 구리통으로 굴러 들어간다.

잣대
구슬

파수호 : 물을 공급하는 항아리. 항아리 숫자가 많을수록 물의 흐름이 안정적이 된다.

구리통 : 작은 구슬이 떨어져 이곳을 통해 격발장치로 굴러간다.

수수호 : 물을 받는 항아리. 항아리 두 개를 번갈아 쓴다.

잣대
부표

❶ 부표와 잣대 : 눈금을 매긴 잣대를 부표에 꽂아 둔다. 물이 수수호로 흘러 들어가면 부표가 떠오름에 따라 잣대가 점점 위로 올라간다.

가로줄 : 절기선. 해 그림자 길이가 같은 절기를 빼고 24절기 중 13개만 표시했다.

세로줄 : 시각선. 전체 12시 중에서 낮 시간을 알려 주는 7개의 선만 표시. 세종 때는 숫자 대신 열두 띠 동물의 그림을 그려 넣어 글을 모르는 백성들을 배려했다.

영침 : 끝이 북극을 가리키고 각 지방의 위도를 따라 비스듬하게 세웠다.

◀ 앙부일구 : 앙부일구란 가마솥이 위로 열려 있는 모양의 해시계란 뜻. 가장 널리 쓰인 해시계이자 최초의 공공 시계. 세종은 널리 백성들을 위한 공공 시계로 삼고자 했다. 서울 혜정교(광화문 네거리 근처)와 종묘 남쪽 거리에 각각 설치했다.

솥 모양의 시반

표 : 동(銅)으로 만든 수직 막대.

규 : 표의 아래에 붙인 눈금자. 청석을 깎아 만들었다. 표면에 장(丈)·척(尺)·촌(寸) 등의 눈금이 새겨져 있어 그림자의 길이를 쟀다.

◀ 규표 : 계절과 24절기를 정밀 측정하기 위한 천문 관측 장치. 태양이 남중하는 시각에 수직으로 세운 막대의 그림자 길이를 측정한다. 세종 당시 경복궁 경회루 북쪽에 간의대를 쌓고 그 서쪽에 규표를 세웠는데, 높이가 40척이나 되는 어마어마한 크기였다고 한다.

1434년에 만들어진 '자격루'는 이름 그대로 자동 시보 장치가 붙은 물시계.
제작 직후부터 조선의 표준 시계가 되었다. 자격루는 크게 두 부분으로
구성되어 있다. 네 개의 파수호(播水壺), 두 개의 수수호(受水壺),
그 안에 띄운 잣대로 이루어진 '물시계'와 시각을 알리는 '시보 장치'가 그것이다.
자동 시보 장치는 각각 시·경·점에 따라 종·북·징이 울리고, 시패를 든 인형이
나타나 시를 알려 준다. 이러한 자격루의 작동 원리는 그림 설명 ❶~❹에 정리되어 있다.

▲ 「동궐도」 속의 보루각 : 「동궐도」에 나타난 창경궁 보루각 터. 세종 때 만든
자격루가 100여 년이 지나 고장이 잦자, 1536년(중종 31년) 새 자격루를 만들어
창경궁 보루각에 두었다. 누수각(漏水閣), 금루관직소(禁漏官直訴),
금루서원방(禁漏書員房)이 그려져 있다.

자동 시보 장치 1:
시·경·점에 따라
종·북·징이 울린다.

❸ 격발 장치 : 구리통 속을 굴러 온 작은 구슬이
구멍을 통해 구리관으로 떨어져 격발 장치를
젖혀 주면, 달걀 크기의 큰 구슬이
밑으로 떨어져 시보 장치를 작동시키게 된다.
이때 격발 장치는 동력을 증폭시켜 작은 구슬의
힘으로 큰 구슬을 움직이는 역할을 한다.

시보 장치 1

격발 장치

구슬이
떨어짐.

시보 장치 2

❹ 시보 장치 : 격발 장치에 의해
떨어진 큰 구슬은 굴러서
짧은 통으로 떨어져
숟가락 기구(⌣)에 떨어진다.
지렛대 원리에 의해 기계 장치의
한 끝이 올라가 시를 맡은
인형의 팔뚝(시보 장치 1)을
건드리면 종이 울린다.
큰 구슬은 계속 떨어지면서
아래 숟가락 기구와 지렛대 원리의
기계적 증폭 과정을 거쳐
시패를 든 인형(시보 장치 2)을
위로 올려 준다.

자동 시보 장치 2:
시패를 든 인형이
'시'를 알린다.

▶ 일성정시의 : 밤과 낮에
모두 시간을 알 수 있는
해시계 겸 별시계.
한양의 북극 고도인
위도를 반영하여 정확한
시각을 측정할 수 있다.

▶ 간의 : 조선 시대의 대표적인
천체 관측 기구. 세종 당시 경복궁의
간의대에 설치되었다.
세종은 몸소 세자(뒷날 문종)와
함께 간의대에 올라 세자에게도
관측법을 가르치는 열성을
보였다고 한다.
하룻밤에 5명씩 교대로
천체를 관측했다.

7 여기는 새벽 4시 종루. 서른세 번의 종소리. 통행 금지 해제인 파루다! 밤새 굳게 닫혔던 성문이 활짝 열린다. 1434년 궁궐의 자격루가 표준 시계가 되자 자격루 시보를 받아서 파루를 친 것. '간의 프로젝트'를 성공적으로 끝낸 세종 역

시 자격루 시보 소리에 잠을 깬다. 세종은 천문을 관측하여 백성들에게 시간을 알리는 제왕의 임무를 마친 터. 마음은 홀가분하지만 그간 과로한 탓일까, 몸이 찌뿌드드하다. 이때 세자와 세자빈이 아침 문안을 여쭈러 왔다. 세종의 하루는 이렇게 시작된다.

공중 해시계

순라꾼

9 시간 측정이 정확해지고 시보 장치가 발달할수록 '약속된 시각'들이 점점 일상 생활에 침투하게 되었다. 1567년 11월 4일 이슥한 밤, 미암 유희춘은 다음날 아침 일찍 임금 앞에서 하는 첫 강론에 맞추어 궁궐에 출근해야 한다는 부담감 때문에 잠을 이루지 못했다. 멀리서 시간을 알리는 북소리를 세어 보니 2경 5점. 출근 시간이 되려면 아직 멀었다.

조선 전기의 『경국대전』을 보면 여러 관청의 벼슬아치는 모두 묘시(卯時)에 출근하고 유시(酉時)에 퇴근한다고 되어 있다. 그러나 해가 짧은 때에는 진시(辰時)에 출근하고 신시(申時)에 퇴근하도록 했다. 발걸음을 재촉하는 아침의 출근 행렬은 예나 지금이나 광화문 네거리에서 출렁인다.

자격루, 그 이후 ─ 조선의 시계 발달, 어디까지

17세기 이후 청나라를 통해 서양 천문학이 수입되기 시작하면서 천문 관측 기구와 역법도 그 영향을 받게 되었다. 천문관 김상범이 북경에서 돌아온 이듬해(1653) 1월, 서양식 새 역법인 시헌력(時憲曆)이 반포되었다. 그런데 이 역법을 시행하려면 매우 정교한 천문 관측 기구가 필요했다. 여러 사람의 시행착오를 거친 뒤에, 관상감 교수 송이영이 새로운 방식의 '혼천의' 제작에 나섰다. 그는 서양에서 막 도입된 자명종에서 힌트를 얻어 서양의 기계식 시계 장치로 전통 천문 관측 기구인 혼천의를 움직여 보겠다고 생각했던 것이다.

1669년(현종 10년) 10월 24일, 송이영의 혼천 시계(사진 왼쪽)가 작동하기 시작했다. 혼천의에 연결된 시계 장치는 정확한 시각을 알려 주는 동시에 혼천의를 움직이는 동력원으로 이용됐다. 두 개의 추가 올라갔다 내려갔다 하면서 움직이는 시계 장치는 진자(pendulum)에 의해 속도가 조절되었는데, 추가 움직이면서 상자 안에 들어 있는 12시각의 시패를 돌려 주었다. 타종 장치를 부착하여 해당 시각이 되면 저절로 소리를 내도록 했으니 '자명종'이 분명했다. 단지 시각을 알려 줄 뿐 아니라 상자 외부에 설치된 지구의를 시각에 맞추어 회전시켜 줌으로써, 천체의 움직임을 살펴 시간을 알려 주는 전통의 '관상수시(觀象授時:하늘의 변화를 살펴 시간을 알려줌)' 정신을 훌륭하게 구현했다. 그 후 송이영의 혼천 시계는 몇 번의 고장과 수리를 거치면서 현재에 이르고 있다. 그러한 과정을 거치면서 송이영 당시의 시계는

주시동 : 궁궐을 돌며 시간을 알리는 아이

8 세종의 하루 일과를 빠르게 훑어보자. 아침 문안 후 신하들과 공부하는 아침 경연. 아침 식사 후 아침 조회. 일상 업무 보고. 점심 식사. 아침에 세종을 검진했던 내의원이 전하의 건강에 문제가 있다고 판단하자 의관이 진맥. 지방에서 올라온 각종 장계와 소장 검토하고 저녁 무렵 저녁 경연 참석. 저녁 식사 후 급한 공무로 찾

아온 신하와 회의. 밤이 깊어서야 비로소 숨을 돌리고 호학(好學) 군주답게 책을 보는데 건강을 생각해서 자시 전에는 잠자리에 드셔야 한다는 내의원 의원의 재촉. 지존의 자리에 있던 왕의 하루는 이처럼 현대인 못지않게 꽉 짜여져 있었다. 이런 왕실의 시간 문화는 궁궐을 중심으로 서서히 사족들 사이로 퍼져 나갔을 것이다.

10 문과 시험을 보는 과장(科場). 마감 시간은 다가오고 혀끝이 바짝 타들어 간다. 일반 시험의 경우 문제가 새벽에 걸리면 그날 인정 (人定) 때까지 답안을 제출하면 되지만, 당일 합격자를 내는 특별 시험은 두세 시간 안에 제출해야 한다. 이때 과장에 시패를 걸어 마감 시간을 알린다.

11 조선 시대에도 시간은 미세한 단위까지 측정되었다. 그러나 농민에게 중요한 것은 여전히 농사와 연관된 자연의 리듬이었다. 사계절의 반복적이고 주기적인 시간의 흐름은 인간의 운명과 연관된 '분절된 시각'을 요구하지 않았다. 그들에게 시간은 사람이 나고 죽는 것처럼, 자연의 연속이었다.

보수됐지만, 그것을 움직이던 '자명종'의 작동 원리와 혼천의의 모습은 여전히 원형을 유지하고 있다.

송이영의 천문 시계 이후 기계식 시계는 더 이상 조선에서 발달하지 못했다. 조선에서 시각의 정확한 측정은 대개 인사(人事)의 길흉화복을 점칠 때 필요했고. 그 담당자는 주로 왕이었다. 유럽의 산업화 사회처럼 시간을 잘게 쪼개어 집중적으로 쓰는 노동이 조선 사회에서는 필요하지 않았다. 또 조선 사대부가 장식품과 신분의 상징으로 시계를 수집하던 유럽 귀족의 취향을 가지고 있지도 않았다. 그러나 관상수시라는 전통 천문관의 원칙에 관한 한 조선 사회는 철저한 태도를 견지했고, '성변측후단자(사진)' 같은 예에서 볼 수 있듯이 고도로 발달한 관측 체계로 이를 뒷받침하고 있었다.

▼ 송이영의 혼천 시계 : '혼천(渾天)'은 하늘이 달걀 껍질처럼 땅을 둘러싸고 있다는 고대 중국의 우주관. 이 시계가 중국에서 들어온 것이라는 설도 있다. 국보 230호. 120×99×52cm. 고려대 박물관 소장.

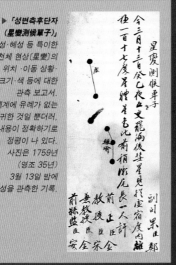

▶ '성변측후단자 (星變測候單子)' 신성·혜성 등 특이한 천체 현상(星變)의 위치·이동 상황· 크기·색 등에 대한 관측 보고서. 세계에 유례가 없는 진귀한 것일 뿐더러, 내용이 정확하기로 정평이 나 있다. 사진은 1759년 (영조 35년) 3월 13일 밤에 혜성을 관측한 기록.

말과 글은 우리 생활 구석구석에 스며 있지만 그 중요성을 충분히 알지 못하고 지나치는 일이 많다. 500여 년 전, 우리말을 적을 수 있는 문자가 없었던 시대를 상상하기 힘든 것처럼 말이다. 한글이 없던 시대에 우리 조상들은 어떤 문자 생활을 했을까? 한글은 누가 어떻게 만들었을까? 그리고 우리 글을 갖게 된 조선 시대 사람들은 어떻게 말하고 썼을까?

특강_박진호

한글 세계화 재단 연구원.
2003년 서울대 국어국문학과에서
『국어의 동사와 문법 요소의 결합 양상』으로
박사 학위를 받았으며,
위 재단에서 디지털 한글 박물관
구축 사업에 참여하고 있다.

훈민정음과 조선의 언어 생활

우리 민족은 오랜 옛날부터 우리말을 써 왔지만, 우리말을 적을 수 있는 문자인 훈민정음 곧 한글은 고작 500여 년 전에야 만들어졌다. 한글이 만들어지기 전, 우리말을 적을 문자가 없던 시대에는 중국에서 한자를 가져다 써야만 했다. '말 따로, 글 따로'였으니 어지간히 불편한 생활이었다. 하지만 당시처럼 말과 글이 일치하지 않는 상황은 우리 나라뿐 아니라 중세의 일반적 현상이었다. 유럽의 라틴어가 그랬던 것처럼, 동아시아에서는 한자로 적힌 한문이 한·중·일·베트남의 공동 문어로 자리잡고 있었다.

훈민정음이 만들어지기 전에는 우리말을 어떻게 썼을까

우리 나라에서 한자는 유학의 발달과 더불어 세력을 확장해 나갔다. 고려 이래 엘리트의 등용문이었던 과거 제도는 기본적으로 한문으로 된 유교 경전에 대한 소양과 한문 표현 능력을 검증하는 시험이었다. 당시에는 한문을 읽고 쓸 줄 아는 능력이 지식인의 기본적 교양이자 입신 출세의 요건이었기 때문에 지배층의 한문 실력은 상당히 높은 수준이었다.

그러나 실제 언어 생활에서는 여러 가지 불편한 점이 생겨났다. 우선 우리말로 된 고유명사를 적을 길이 없었다. 고유명사를 적기 위해 임시로 한자를 빌려 적는 데에서 '차자표기법(借字表記法)'이 싹텄다. 이후 차자표기법은 다양한 방식으로 개발된다. 한자를 빌려 우리말 노래를 표기한 것을 '향가(鄕歌)'라고 했는데, 이때 사용한 표기법이 향찰(鄕札)이었다. 또한 불교나 유교 경전을 읽을 때 적당한 곳에서 끊어 읽으면서 뜻이 통하도록 우리말의 조사나 어미를 갖다 붙였는데, 이를 '구결(口訣)'이라고 했다. 또한 국가 지배층의 공식 문서에서는 한자가 사용됐지만 아전 등 중인층의 공문서에는 한문을 우리말 어순으로 바꾸고 조사나 어미 등을 보충해서 표기한, 변형된 한문인 '이두(吏讀)'가 사용되었다. 중인층은 한문 구사 능력이 떨어지는데다 우리말 조사나 어미 등을 동원해서 글의 뜻을 분명히 해둘 필요가 있기 때문이었다.

이렇듯 다양한 차자표기법이 개발되고 사용되었지만, 한자는 근본적으로 우리말을 표기하기에는 매우 불완전하고 비효율적인 문자였다. 이 때문에 지배층이 한문에 익숙해질수록 차자표기법은 축소되었고 일반 백성과 여성은 문자 생활에서 철저하게 소외되었다.

훈민정음은 누가 왜 만들었을까

세종이 이미 문자를 소유한 사대부층의 반발을 물리치고 일반 백성이 읽고 쓸 수 있는 새로운 문자인 한글을 창제한 것은 매우 획기적인 일이었다. 흔히 한글은 세종의 명을 받은 집현전 학자들이 창제했다고 알려져 있지만 세종이 직접 만들었다는 주장도 끊임없이 제기되었다. 이것을 '세종 친제설'이라고 한다. 사실 당시의 기록인『세종실록』,『훈민정음 해례본』의「정인지 서문」을 보면 한결같이 세종이 친히 한글을 만들었다고 나와 있다. 당시에는 신하가 한 일도 왕의 업적으로 돌리는 것이 관례였으므로 이렇게 기록했을 것이라는 반론도 가능하다.

어쨌든 기록에 세종의 한글 창제를 도운 것으로 나오는 사람은 성삼문, 신숙주 같은 집현전 학자들이 아니라 세종의 아들인 세자(뒤의 문종)와 수양대군(뒤의 세조) 정도였다. 세종은 한글과 관련하여 공개적으로 추진한『운회(韻會)』번역 사업에 집현전의 하급 관리들을 동원했는데, 이때 세자와 수양대군, 안평대군에게 이 일을 감독하도록 했다. 당시에 이들이 이미 한글에 대해 잘 알고 있었기에 이런 일을 맡겼던 것이 아닐까?

그런데 집현전 하급 관리들이 한글과 관련된 일에 동원되자, 집현전 책임자인 최만리 등이 즉각 반대 상소문을 올린 것은 한글 창제가 공표되고 난 뒤인 1444년 2월이었다. 만약 한글 창제 사업이 그 이전부터 집현전 학자들을 동원하여 버젓이 드러내 놓고 진행되었다면 최만리 등이 이 시점에 와서야 반대 상소문을 올릴 이유가 없었을 것이다. 따라서 집현전 학자들이 한글 관련 사업에 관여하기 시작한 것은 세종이 이미 한글을 만든 뒤의 일이었다는 가정이 가능해진다.

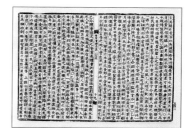

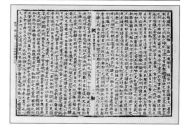

최만리는 상소문에서 "임금께서 건강이 안 좋아 요양을 떠나면서까지, 그리 급한 일도 아닌 한글 관련 사업에 그토록 신경을 쓰시는 것은 옳지 않다"고 진언하고 있다. 이에 대해 세종은 "그대들이 운서(韻書)를 아느냐? 사성(四聲)과 칠음(七音)을 알며 자모가 몇인지 아느냐? 만일 내가 운서를 바로잡지 않는다면 누가 바로잡는단 말이냐?"라면서 대단한 학문적 자부심을 내비치고 있다. 이런 기록들을 보면, 세종이 중국 음운학에 조예가 깊었고 이를 바탕으로 해서 우리말을 정밀하게 분석할 수 있는 능력과 우리말 표기에 적합한 과학적 문자를 만들 능력을 지녔던 것만은 분명하다. 또 요양 가서도 손에서 놓지 않을 만큼 한글에 애착을 지니고 있었다는 것도 알 수 있다.

이런 사실들을 종합해 볼 때, 당시에 한글을 만들 만한 학문적 능력을 지닌 사람을 꼽으라면 단연 세종이었다. 또한 세종이 한글 관련 사업에 그토록 애착을 보인 이유가 무엇일까? 정말로 세종 자신이 직접 만들었기 때문인 것은 아닐까?

한글 창제 반대 상소문 당시 부제학이었던 최만리를 비롯한 일부 집현전 학자들이 지금까지 써오던 한자를 버리고 새로이 훈민정음을 만든 것은 큰 나라를 섬기는 사대주의에서 벗어난다는 내용 등 여섯 가지 이유를 들어 훈민정음 창제에 반대한 글.『세종실록』(세종 26년, 1444년 2월 20일)에 수록.

훈민정음이 담은 조선 전기 우리말은 어떤 모습이었을까

한글이 만들어지자 당시의 말이 한글로 기록됨으로써 15세기 이후 우리말의 모습을 온전하게 알수 있게 되었다. 한글 창제 직후에는 왕실의 주도 아래 한문을 한글로 번역하는 언해 사업이 주류를 이루었다. 그러나 한문 원문의 영향을 받게 마련인 이런 책들은 당시 우리말의 모습을 생생하게 보여 주는 데에는 한계가 있다.

당시 우리말의 모습을 고스란히 담고 있는 자료로 한글 편지인 언간을 들 수 있다. 타지에 나가 있는 남편에게 아내가 쓴 편지, 시집간 딸에게 친정 어머니나 아버지가 쓴 편지 등을 보면 당시 사람들의 진솔한 감정과 생활을 엿볼 수 있다. 충청북도 청주의 순천 김씨 무덤에서 나온 편지의 한 대목을 보자. "이리 더운딕 와 둔녀가면 일뎡 더 샹홀 법이시니(**이렇게 더운데 와서 다녀가면 분명히 몸이 더 상할 것이니**)……(중략)……나도 갓다가 복기리 우논 거슬 두고 오니 서운히여 너일 가리라(**나도 갔다가 복길이가 우는 것을 그냥 두고 오니 서운해서 내일 가리다**)." 가족끼리 서로 그리워하고 배려해 주는 정이 질질하게 배어 나오고 있다.

『번역노걸대』『번역박통사』 같은 책은 중국어 회화책으로 당시 우리말을 생생하게 보여 준다. "쥬신 형님 허믈 마루쇼셔 小人돌히 예 와 해자호고 널이과이다(**주인장 허물 마십시오. 우리들이 여기 와서 폐 많이 끼쳤군요**)……(중략)……그리 니룬디 말라 별히 내라 외방의 나가면 집 이고 둔니려 쏘 人家로 드러가 밥 어더 머글 거시니 쏘 아니 니룬누녀 쳔리 옛 나그네를 됴히 보와 보내여 만리예 일후믈 옴골디니라(**그렇게 말하지 말게. 나라고 타향에 갈 때 집을 머리에 이고 다니겠는가? 나도 인가에 들어가 밥 얻어 먹을 것이니, 왜 그런 말이 있지 않은가. 천리의 나그네를 잘 돌보아 보내서 만리에 이름을 떨칠지니라**)"(『번역노걸대』). 중국에 장사하러 가는 고려 상인 일행이 도중에 객점(客店)에서 하룻밤 묵고 주인과 나눈 대화이다. 여행 중인 손님과 주인이 서로 예의를 갖추어 말하면서도 진심으로 고마워하고 위해 주는 마음이 잘 드러나 있다.

임진왜란 때 백성이 많은 고초를 겪었는데 왜군의 강압에 못 이겨 투항한 이들도 꽤 있었던 모양이다. 그러자 선조는 다음과 같은 교서를 내렸다. "님금이 니루샤딕 너희 처엄의 예손딕 후리여셔 인호여 둔니기눈 네 본무 음이 아니라(**임금께서 말씀하시기를 너희가 처음에 왜놈에게 붙잡혀서 다닌 것은 너희의 본마음이 아니라**)……(중략)……너희 셩심도 전의 먹던 무 음믈 먹디 말오 수리 나오라(**너희는 조금이라도 전에 품었던 마음을 먹지 말고 빨리 나오라**)." 왕이 내린 교서라도 한문을 모르는 백성을 상대로 한 것이라 한문이 아닌 한글로 되어 있다.

순천 김씨 언간_1977년 충청북도 청원군 북일면 외남리, 채무이(1530~1594) 묘에서 출토되었다. 출토 당시 시신이 미라 상태로 남아 있었으며 언간 192통과 의복이 나왔다. 중요 민속 자료 109호. 충북대학교 박물관 소장.

훈민정음은 어떻게 보급되어 나갔을까

세종은 일반 백성도 문자 생활을 누리도록 한다는, 당시로서는 파격적인 포부를 갖고 있었다. 그러나 그의 의도가 이 땅에 실현되기까지는 적잖은 시간이 걸렸고 상당한 진통이 따랐다. 당시 지배층은 언어 생활을 바꿀 필요를 전혀 느끼지 못했으나, 한글은 한자 중심 언어 생활에서 소외된 사람들을 파고들면서 서서히 사용 영역을 넓혀 갔다.

한글은 우선 백성 사이에서 자리를 잡았다. 그동안 문자 생활에서 외면당했던 일반 백성은 한글을 아주 요긴하게 사용했다. 앞에서 본 선조의 한글 교서는 당시에 한글이 백성 사이에 상당히 보급되었음을 추측하게 한다.

사대부는 대개 한글을 읽고 쓸 줄 알았지만 특수한 경우에만 한글을 썼다. 1504년 연산군의 폭정을 비판하는 벽서가 한글로 씌어지자 연산군은 한글 사용을 금하고 한글을 쓸 줄 아는 사람을 신고하게 했다. 벽서를 쓴 장본인은 사대부였을 텐데 자기 신분을 감출 속셈으로 한글을 사용한 듯하다. 어쨌든 이 사건으로 인해 확대 일로에 있던 한글 사용이 한동안 움츠러들었다고 한다.

한글 사용이 확대된 데에는 여성의 역할이 컸다. 양반가의 여성은 한문을 배우는 일이 더러 있기는 했지만 대부분 한글을 많이 사용했다. 특히 편지를 주거나 받은 한쪽이 여성일 경우에는 한글 편지를 썼다. 또 여성을 독자층으로 한 책은 한글로 간행된 것이 대부분이다.

17·18세기에 이르면 소설이 한글 보급에 많은 기여를 하였다. 당시 지배층은 중국에서 들어온 한문 소설을 탐닉하는 이가 많았다. 당시 중국의 회화체인 백화적인 요소가 많이 들어 있는 연애 소설·통속 소설이 많이 들어와서 사대부 사이에 널리 읽혔고, 그런 글을 많이 읽은 사대부는 자기가 쓰는 글에서 그런 소설의 문체를 사용하기도 했다. 이런 소설은 한글로 번역되어 일반 백성 사이에서도 많이 읽히게 되었다. 한글 소설은 초기에는 필사본으로 유포되다가, 상품 가치가 있기 때문에 방각본(상업적 출판물)으로도 많이 간행되었다.

이렇게 소설이 유행하고 상업 출판이 대두하는 것은 근대를 향한 징후였다. 한문을 대신해서 한글이 우리 나라의 지배적 문자로 자리잡게 되는 것도 근대의 징표 가운데 하나였다. 개화기에는 한문 대신 한글을 써야 부강한 근대 국가로 발전할 수 있다는 주장이 강력하게 대두했고, 1895년 갑오경장 때는 마침내 한글을 국가의 공식 문자로 채택했다. 세종이 한글을 창제하면서 지녔던 포부는 시간이 매우 오래 걸리기는 했지만 결국 이 땅에서 실현되었다.

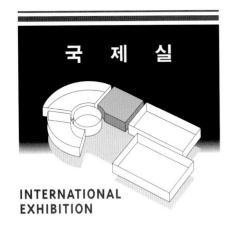

국제실

INTERNATIONAL EXHIBITION

인류의 진화 과정에서 가장 중요한 사건은 언어의 발생이라고 할 수 있지만, 언어를 시각 매체로 옮겨 놓은 문자의 출현도 그에 못지 않은 중요성을 갖는다. 과거에 습득한 지식과 정보를 대규모로 저장하고 다음 세대에 물려주는 일은 문자의 발명을 통해 비로소 체계적으로 이루어질 수 있었다. 그 이후 문자는 줄곧 인류 문명의 인프라 역할을 해 왔고 앞으로도 그럴 것이다.

세계의 문자

— 한자 계통과 알파벳 계통, 그리고 한글 —

세계의 주요 문자는 대체로 한자 계통의 표의문자와 알파벳 계통의 표음문자로 나눌 수 있다. 한자는 오랫동안 동아시아에서 사용되어 왔으며, 한자를 변형시킨 몇 가지 문자가 서하·거란·여진·일본·베트남 등에서 만들어져 사용되었다. 고대 이라크 지역에서 발생한 쐐기문자는 페니키아를 거쳐 한편으로는 유럽의 그리스·라틴·키릴 문자를 낳았고, 한편으로는 아람·아랍 문자 및 인도의 여러 문자를 낳았다. 그러나 한자 문화권인 조선에서 만들어진 훈민정음, 즉 한글은 이 두 가지 계통 어디에도 속하지 않는다.

세계의 문자들은 쓰는 방식도 다양하다. 한자 문화권에서는 보통 세로쓰기를 하면서 오른쪽에서 왼쪽으로 써 나갔다. 이것은 한글도 마찬가지였다. '알파벳' 문화권에서는 보통 가로쓰기를 하되 문자에 따라 오른쪽부터 써 나가기도 하고 왼쪽부터 써 나가기도 했다. 농경 문화를 반영하여 소밭갈이(지그재그)식으로 쓰는 문자도 있었다. 그 가운데 가로쓰기이면서 오른쪽에서 왼쪽으로 쓰는 아람 문자 방식은 아랍 문자, 히브리 문자 등에 계승되었다. 몽골 문자와 만주 문자는 동아시아 문화권의 문자이면서도 문자의 기원은 알파벳 계통에서 찾을 수 있는데, 쓰는 방향도 세로쓰기이면서 왼쪽에서 오른쪽으로 쓰는 혼합형이어서 독특하다.

◀ **로마자 알파벳을 누르니 한자 간체자가 찍히네** : 중국인은 휴대폰으로 문자 메시지를 보낼 때 로마자 병음 부호를 눌러 간체자(현대 중국 한자) 메시지를 표시한다. 이처럼 서로 다른 문자가 섞이는 것은 인류 문화사에서 흔한 일이었다. 우리 나라에서는 한글과 한자가 서로 다른 기능을 하며 오랫동안 공존해 오다가 최근에는 한글만 사용하는 쪽으로 가고 있다. 대신 아라비아 숫자와 로마자를 한글과 섞어서 쓰는 일이 많아졌다. 일본은 한자와 가나를 한 문장 안에서 섞어서 쓰는 전통을 지금까지 유지하고 있다. 인터넷과 무선 통신 등 정보 과학 기술의 발달로 인한 디지털 시대의 도래는 이러한 문자의 교섭을 더욱 촉진시키고 있다. 중국과 일본에서는 컴퓨터나 무선 전화로 한자나 가나를 입력할 때 주로 로마자를 이용한다. 동양을 대표하는 표의문자와 서양을 대표하는 표음문자가 새로운 방식으로 접목되고 교섭하고 있는 것이다.

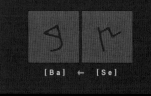

[Ba] ← [Se]

페니키아 문자 | 기원전 1200~

기원전 2000년경부터 사용되던 '북부선형 문자(가나안 문자)'를 서방 세계에 널리 전파한 페니키아인을 흔히 '알파벳의 창시자'라고 부른다. 인도 문자·아람 문자·그리스-라틴 문자의 선조인 페니키아 문자는 셈어족의 특징을 반영하여 자음만 표기하는 표음문자의 특징을 지녔다.

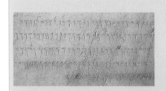

▲ **페니키아 문자** : 사르데니아에서 발견된 기원전 9세기경의 돌에 페니키아 알파벳이 새겨져 있다. 쐐기문자로부터 많이 변모한 것을 볼 수 있다.

◀ **페니키아 사람들** : 이라크 코르사바드의 사르곤 왕궁에서 나온 부조. 페니키아 상인들이 강에서 통나무를 운반하는 모습을 그렸다.

▲ **『겐지모노가타리(源氏物語)』** : 일본 여성 문학의 최고봉. 많은 이본(異本)이 있는 작품인데, 이것은 1654년 판본이다.

한자를 이용하여 일본어 노래를 표기한 '만요가나(万葉假名)'에서 출발, 8세기 말~9세기경에 한자의 획을 간단히 줄여 만들었다. '가타가나'와 '히라가나'가 있다. 일본어의 단순한 음절 구조를 반영한 음절문자이다.

가나 | 800~

히라가나   가타가나

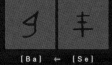
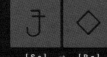

아람 문자 | 기원전 700~

북부 이라크, 남부 아나톨리아에서 번성하던 아람족은 처음에는 페니키아 문자를 사용하다가 아람 문자를 만들어 페르시아 왕조의 공식 문자로 사용했다. 이란어족·알타이어족 등의 언어를 표기하기 위한 문자로도 채용되었다(돌궐·위구르·몽골·만주 등). 아랍 문자도 아람 문자의 영향을 받았다.

◀ 아람 문자
퓨림 축제(페르시아의 학살로부터 구출된 유대인의 자축)용 접시. 히브리어가 쓰여 있다.

◀ 아람 문자
14세기 이슬람 사원의 램프. 통치자의 이름과 코란의 한 구절이 에나멜로 장식되어 있다.

인도 문자 | 기원전 400~

페르시아의 지배를 받던 인도 북서부에서는 '카로슈티 문자'가 발달했다. 이 문자는 그 후 '브라흐미 문자'로 대체되어 5세기 이후의 문헌은 발견되지 않는다. 브라흐미 문자는 다시 북부 브라흐미 문자와 남부 브라흐미 문자로 나뉘어졌으며, 티베트 문자와 몽골의 파스파 문자 등 많은 자손을 낳았다.

▲ 인도 문자 : '푸라나'라는 힌두교 설화를 보여 주는 1836년판 인도 경전 『두르가라트나 베다』.

▼ 티베트 문자 : 네팔에서 발견된 석비(石碑). 티베트 문자로 된 불교 기도문이 새겨져 있다.

그리스-라틴 문자 | 기원전 750~

◀ 그리스 문자와 라틴 문자의 연결고리로 짐작되는 에트루리아 문자가 새겨진 물병.

그리스 문자는 기원전 750년경 페니키아 문자를 바탕으로 만들어졌다. 처음부터 자음뿐 아니라 모음도 표기하는 진정한 표음문자였다. 서유럽 각국의 문자로 발전한 라틴 문자(로마자)와 동유럽에서 주로 쓰이는 키릴 문자는 모두 이를 모태로 했다. 9세기 그리스의 전도사 키릴로스는 그리스 문자를 기본으로 슬라브어를 표현할 수 있는 문자를 추가한 키릴 문자를 만들었다.

▼ 그리스 문자 : 그리스 도시국가 유적에서 발굴된 도편과 물시계에 그리스 문자가 쓰여 있다.

▼ 라틴 문자 : 연애시들을 모아 놓은 책. 하트 모양으로 되어 있다. 라틴 문자로 기록되어 있다.

▼ 키릴 문자 : 글라골리틱 문자(그리스 문자와 키릴 문자의 연결고리)로 된 책.

▲ 돌궐 비문과 몽골 마패 : 돌궐 문자는 아람 문자에서 나온 소그드 문자의 변형. 마패 앞면에는 파스파 문자·몽골 문자·아람 문자가, 뒷면에는 한자가 쓰여 있다.

▲ 거란 소자 : 인장 스타일로 만들어진 1101년의 유물. 거란 소자가 쓰여 있다.

◀ 서하 문자
말 머리에 다는 장식에 서하 문자가 새겨져 있다.

▲ ▶ 여진 문자
금나라부터 명나라 때에 걸쳐 영녕사비, 『화이역어(華夷譯語)』등 많은 금석 비문과 고문서가 남아 있다.

베트남에서는 오랫동안 한자를 공식 문자로 사용하다가, 10세기경 베트남어를 표기하기 위해 한자를 변형하여 쯔놈을 만들었다. 한자에 부호를 다는 형식으로 13세기 후반 체계화되어 문학 작품에 사용되기 시작했다.

920년 야율아보기가 한자를 바탕으로 하여 '거란 대자(大字)'를 만들었다. 그의 동생 질랄은 위구르 문자를 참고하여 '거란 소자(小字)'를 만들었는데, 200개 남짓한 알파벳을 몇 개씩 합성하여 한 단어를 만드는 방식이었다.

1036년 만들어진 서하의 국정 문자. 탕구트 문자라고도 한다. 모두 6133자이며, 문자 요소는 350종이다. 겉으로는 한자와 비슷하지만 '상형'과 '지사'는 없고, 독특한 발상에서 만들어진 '회의' 문자가 많다.

중국에 금나라를 세운 여진족이 만든 문자. 대자(大字)·소자(小字) 등 2종이 있는데, 대자는 1119년 태조의 명을 받아 완안희윤이 만들었다. 거란 문자를 모방한 것으로 추측되나 아직까지 확인되지 않았다.

쯔놈 | 900~

襖	潘
윗 첨자	아래첨자

거란 문자 | 920~

丢	夬
대자	소자

서하 문자 | 1036~

燚	舠

여진 문자 | 1119~

哭	仕

찾 아 보 기

생활 분야별 찾아보기

사회생활

▶ **정치 (국가 체제 · 권력 구조)**: 조선은 오늘 우리에게 무엇인가 8~9 / 훈구와 사림의 대립 17 / 사림의 시대 19 / 절제의 나라 조선 22 / 중앙집권국가, 사족과 이족의 대립 23 /

읍치 24 / 사화 28~29 / 조선의 지방 행정 구역 40 / 군현을 다스리는 수령 40~42, 수령의 부임 절차 41 / 부민고소금지법을 둘러싼 논란 41 / 수령을 위한 지도 42 /

향리의 지위와 종류, 일하는 곳 42~43 / 관과 사족의 역학 관계 44~45 / 향촌의 기본 행정 단위 53 / 왕통 계승의 상징인 종묘와 사직 62 / 왕권과 천문의 관계 73, 76~77 /

관상수시 77 / 엄격하게 통제된 왕의 하루 76~77 / 훈구파에 의한 기존 질서 붕괴 현상 81

▶ **대외 관계 (외교 · 국방 · 교민 · 해외 문화)**: 유교적 세계관, 화이관 12~13 / 왜구의 침입에 대비한 성벽과 해자 25 / 병부와 병부 주머니 41

|생활 분야별 찾아보기|

▶ **공동체 (사랑 · 결혼 · 가족 · 친족 · 마을)** : 처가살이 27 / 양반가의 부부 관계 32 / 양반가 여성의 삶, 살림살이, 여성의 지위, 재산 분배 32~33 / 회혼례 34 /
조선 전기의 제사 풍습과 그 변화 양상, 윤회봉사와 장자봉사 34~35 / 족보와 가계 계승 35 / 호적, 호구단자 48 / 민촌, 농촌 공동체 50~51 /
리를 단위로 한 마을 공동체인 향도, 촌계, 두레 52~53 / 안동 권씨 족보 34, 80
▶ **민속 (공공의례 · 세시풍속 · 민속놀이 · 관혼상제)** : 신관 사또의 부임 행렬과 절차 40~41 / 면신례, 허참 43 / 향음주례 44~45 / 과거 급제 풍습 47 /
마을 축제, 줄다리기, 횃불싸움, 석전, 마을 이름의 역사, 장승, 짚줄, 솟대, 당산나무 50~51 / 향도 52 / 들참례 53 / 국가의 오례 61, 80 / 군례중 구식례 73 /
과거 시험 풍속, 상여 77 / 남귀여가혼과 친영례 33, 80

┤생활 분야별 찾아보기├

▶ **문학·예술 (문학 · 언어 · 문자 · 미술 · 음악 · 건축 · 공예)**: 훈민정음 창제의 의의 14~15 / 차경 26 / 선비의 여가 생활, 시회, 사군자, 청화 백자 28~29 / 가사 29 / 신사임당의 그림 33 /
백자 묘지, 백자 편병 35 / 조선 백자 열전, 백자의 변천 과정 36~39 / 농기와 농악기 53 / 농민의 여가 생활, 이야기꾼, 노동요와 유희요, 작호도 58~59 /
종묘 제례악의 모든 것, 각종 악기, 춤 도구, 정간보, 시용무보 66~69 / 복합적인 조선 전기 유교 문화 80 / 훈민정음 창제에 따른 언어 생활의 변화 82~85 /
중세 국어의 실제 84 / 언문 편지, 한글 소설 85
▶ **종교(불교 · 유교 · 도교 · 민속종교)**: 유교 문화의 새 전통 18~19 / 조선 시대의 불교 25 / 민가를 지키는 각종 신들 55 / 무속 신앙 50~51 / 마을 수호신 52 / 종묘 제향의 모든 것 60~69 /
조선 전기 성리학의 특징 78~81

조 선 생 활 관 1   연 표

연대	내용	참고할 페이지	국왕
1394	한양에 궁궐보다 먼저 왕실 사당인 종묘를 짓기 시작하다(1395년 완성).	60~69	
1395	한양에서 본 별자리 지도 '천상열차분야지도'를 새긴 각석을 세우다.	10	태조
1397	현재 남아 있는 조선 시대 읍성 가운데 최대 규모인 낙안읍성을 건설하다.	24	
1400	한양 5부에 학당을 설치하다.		정종
1402	조선 전기 지리학을 결산한 세계 지도 '혼일강리역대국도지도'를 제작하다.	12	
1402	오늘날의 '주민등록증'에 해당하는 호패를 차도록 하는 호패법을 실시하다.	48	태종
1413	전국을 8도로 나눈 지방 행정 조직이 완성되다.	40~49	
1420	재지(在地) 품관층이 수령을 고소할 수 없게 한 부민고소금지법을 시행하다.	42	
1425	관습도감을 설치하여 아악을 정비하다.	66~69	
1429	남아 있는 농서 가운데 가장 오래된 『농사직설』을 편찬하다.	56	
1434	자동으로 시간을 알리는 물시계인 자격루를 만들어 표준 시계로 지정하다.	74~75	세종
1435	「보태평」·「정대업」을 작곡하여 '정간보'에 수록하다.	66~69	
1437	해시계인 앙부일구를 제작하다.	74	
1441	세계 최초로 측우기를 제작하다.	74~75	
1446	가장 과학적이고 창조적인 문자인 훈민정음의 창제를 공표하다.	14	
1451	고려 시대의 역사를 담은 『고려사』를 편찬하다.		문종
1453	수양대군, '쿠데타'를 일으켜 김종서를 제거하다.	59	단종
1466	직전법을 시행하다.	81	세조
1467	조선 전기의 대표적 족보인 『안동 권씨 성화보』를 간행하다.	34, 80	
1469	조선의 기본 법전인 『경국대전』을 완성하다(최종 수정은 성종 때 이루어짐).	40~43, 52	예종
1474	국가 오례(五禮)의 모든 것을 담은 『국조오례의』를 편찬하다.	66, 80	성종
1493	『악학궤범』을 편찬하여 악을 정비하다.	66~69	
1498	최초의 사화인 무오사화가 일어나 김종직 제자들이 실각하다.	28	
1504	율곡 이이의 어머니인 신사임당이 강릉에서 태어나다(~1551).	33	연산군
1504	한글로 임금을 비방한 벽서 사건이 일어나다.	85	
1510	3포 왜란이 일어나다.		
1519	기묘사화가 일어나 조광조의 개혁이 실패로 끝나다.	28	중종
1530	조광조가 죽자 양산보가 고향에 소쇄원을 건립하다.	28	
1545	조광조가 추진하던 현량과를 부활하고 조광조 신원을 허락하다.	28	인종
1550	소수서원이 최초 사액 서원으로 탄생하다.	18	
1554	기근 때 먹을거리를 찾는 방법을 알려 주는 『구황촬요』를 간행하다.	57	
1555	을묘왜변이 일어나다.		명종
1556	퇴계 이황이 『예안향약』을 작성하다.	52~53, 81	
1559	임꺽정의 난(~1562)이 일어나다.	81	
1567	미암 유희춘의 『미암일기』가 이때부터 작성되다(~1577).	30~35	
1567	『묵재일기』와 『양아록』을 쓴 이문건이 사망하다.	33, 34	
1568	이황이 성학의 개요를 도해한 『성학십도』를 작성하다.	16	
1573	영남 사림의 대부인 회재 이언적을 기리는 옥산 서원을 건립하다.	18~19	선조
1577	이이가 황해도 석담에서 부계 가족 공동체를 실험하다.	35, 52~53, 81	
1585	정철이 가사 「사미인곡」·「속미인곡」을 짓다.	29	
1592	왜군의 부산진 침공으로 임진왜란이 시작되다.		

조 선 생 활 관 1 도 서 실

─ 원전

- 『경국대전』.
- 고상안, 『농가월령』.
- 『구황촬요』.
- 『국조오례의』.
- 서호수, 『해동농서』.
- 세종대왕기념사업회, 『국역 서운관지』, 1999.
- 『세종실록지리지』.
- 『신증동국여지승람』.
- 유성룡, 『서애집』.
- 유희춘, 『미암일기』.
- 이문건, 『묵재일기』(국사편찬위원회 탈초본, 1998).
- 이문건, 『양아록』.
- 이이, 『율곡집』.
- 이혜구 역주, 『신역 악학궤범』, 국립국악원, 2000.
- 이황, 『퇴계집』.
- 『조선민정자료』.
- 『전제상정소준수조획』.
- 『조선왕조실록』.
- 정약용, 『목민심서』.
- 『증보문헌비고』예고.

─ 총류

- 『빛깔 있는 책들』1~242, 대원사.
- 『世界の歷史』, 朝日新聞社, 1989~1991.
- 『원시에서 현대까지 인류 생활사』, 동아출판사, 1994.
- 고려대학교 민족문화연구원, 『한국민속문화대관』(CD-ROM), 나모 인터랙티브, 1998.
- 국사편찬위원회, 『한국사』(신판) 23~31.
- 김인걸·한상권, 『조선 시대 사회사 연구사료 총서』1~3, 보경문화사, 1986.
- 두산동아백과사전연구소, 『두산세계백과사전』, 두산동아, 1996.
- 민족문화대백과사전 편찬부, 『한국민족문화대백과사전』, 한국정신문화연구원, 1991.
- 중·고교『국사』교과서.
- 중·고교『역사부도』.
- 中國歷史博物館, 『簡明中國文物辭典』, 福建人民出版社, 1991.
- 한국민족사전편찬위원회, 『한국민속대사전』, 한국사전연구사, 1997.

─ 단행본

- Brown, M. P., *The British Library Guide to Writing and Scripts: History and Techniques*, University of Toronto Press, 1998.
- Carlo M. Cipolla, *Clocks and Culture: 1300-1700*, W.W.Norton & Company, 1978.
- Daniels, Peter T. and William Bright eds., *The World's Writing Systems*, Oxford University Press, 1996.
- Joseph Needham, Lu Gwei-Dien, John H. Cambridge, John S. Major, *The Hall of Heavenly Records*, Cambridge Univ. press, 1986.
- 강대민, 『한국의 향교』, 경성대학교 출판부, 1992.
- 강무학, 『한국 세시풍속기』, 집문당, 1995.
- 강신항, 『훈민정음 연구』, 성균관대학교 출판부, 1987.
- 강인희, 『한국 식생활사』, 삼영사, 1978.
- 구결학회 편, 『아시아 제 민족의 문자』, 태학사, 1997.
- 김대벽 사진, 신영훈 글, 『안동 하회마을』, 조선일보사, 1999.
- 김대벽 사진, 신영훈 글, 『한옥의 고향』, 대원사, 2000.
- 김대벽 사진, 신영훈 글, 『한옥의 향기』, 대원사, 2000.
- 김봉렬, 『한국 건축의 재발견』1~3, 이상건축, 1999.
- 김영호, 『조선의 협객 백동수』, 푸른역사, 2002.
- 김용덕, 『한국 제도사 연구』, 일조각, 1983.
- 김현영, 『조선 시대의 양반과 향촌 사회』, 집문당, 1999.
- 남문현, 『장영실과 자격루』, 서울대학교 출판부, 2002.
- 남문현, 『한국의 물시계』, 건국대학교 출판부, 1995.
- 박영주, 『송강평전』, 고요아침, 2003.
- 박영규, 『세종대왕과 그의 인재들』, 2002.
- 박창범, 『하늘에 새긴 우리 역사』, 김영사, 2002.
- 성균관대학교 대동문화연구원, 『이언적의 사상과 그 세계』, 성균관대학교 출판부, 1992.
- 송혜진 글, 강운구 사진, 『한국 악기』, 열화당, 2001.
- 스튜어트 매그리디 엮음, 남경태 옮김, 『시간의 발견』, 휴머니스트, 2002.
- 신동원, 『조선 사람의 생로병사』, 한겨레신문사, 1999.
- 신명호, 『궁중 문화-조선 왕실의 의례와 생활』, 돌베개, 2002.
- 신영훈, 『한국의 살림집 상-한국 전통 민가의 원형 연구』, 열화당, 1983.
- 신병주, 『66세의 영조 15세 신부를 맞이하다』, 효형출판, 2001.
- 안길정, 『관아를 통해 본 조선 시대 생활사』 상·하, 사계절출판사, 2000.
- 앨버틴 가우어, 『문자의 역사』, 새날, 1995.
- 역사비평 편집위원회, 『한국 전근대사의 주요 쟁점』, 역사비평사, 2002.
- 역사학회 편, 『한국 친족제도 연구』, 일조각, 1992.
- 염정섭, 『조선 시대 농법 발달 연구』, 태학사, 2002.
- 오주석, 『오주석의 한국의 미 특강』, 솔, 2003.
- 움베르토 에코 외 지음, 김석희 옮김, 『시간 박물관』, 푸른숲, 2000.
- 유안진, 『한국의 전통 육아 방식』, 서울대학교 출판부, 1986.
- 이만규, 『조선 교육사 1』, 거름, 1991(1947년 간행된 것을 다시 간행했음).
- 이배용 외, 『우리 나라 여성들은 어떻게 살았을까1』, 청년사, 1999.
- 이상은, 『퇴계의 생애와 학문』, 예문서원, 1999.
- 이성무 외, 『과거』, 일조각, 1981.

· 이성무, 『개정증보 한국의 과거제도』, 집문당, 1994.
· 이수건, 『영남학파의 형성과 전개』, 일조각, 1995.
· 이숭녕, 『혁신 국어학사』, 박영사, 1976.
· 이영훈, 『조선 후기 사회경제사』, 한길사, 1988.
· 이재숙 외, 『조선조 궁중 의례와 음악』, 서울대학교 출판부, 1998.
· 이종호, 『율곡-인간과 사상』, 지식산업사, 1994.
· 이태진, 『조선 유교 사회사론』, 지식산업사, 1989.
· 이태진, 『한국 사회사 연구-농업기술 발달과 사회변동』, 지식산업사, 1986.
· 이해준 편, 『초려 이유태의 향약과 정훈』, 신서원, 1998.
· 이해준, 『조선 시기 촌락 사회사』, 민족문화사, 1996.
· 이호철, 『조선 전기 농업경제사』, 한길사, 1986.
· 이훈상, 『조선 후기의 향리』, 일조각, 1990.
· 장덕순 · 조동일 · 서대석 · 조희웅, 『구비문학 개설』, 일조각, 1971.
· 전상운, 『한국 과학사』, 사이언스북스, 2000.
· 정두희, 『조광조』, 아카넷, 2000.
· 정만조, 『조선 시대 서원 연구』, 집문당, 1997.
· 정순목, 『퇴계평전』, 지식산업사, 1987.
· 정연식, 『일상으로 본 조선 시대 이야기』 1 · 2, 청년사, 2001.
· 정재숙 외, 『조선조 궁중 의례와 음악』, 서울대학교 출판부, 1998 .
· 정진영, 『조선 시대 향촌 사회사』, 한길사, 1998.
· 정창권, 『홀로 벼슬하며 그대를 생각하노라』, 사계절출판사, 2003.
· 조르주 장, 『문자의 역사』, 시공사, 1995.
· 지두환, 『조선 전기 의례 연구』, 서울대학교 출판부, 1996.
· 지승종, 『조선 전기 노비 신분 연구』, 일조각, 1995.
· 천득염, 『한국의 명원 소쇄원』, 발언, 1999.
· 최승희, 『증보판 한국 고문서 연구』, 지식산업사, 1989.
· 최준식 외, 『유네스코가 보호하는 우리 문화유산 열두 가지』, 시공사, 2002.
· 캐롤 도나휴, 『상형문자의 비밀』, 길산, 2002.
· 하서기념회, 『하서 김인후의 사상과 문학』 1 · 2, 1994~2000.
· 한국고문서학회 엮음, 『조선 시대 생활사』 1 · 2, 역사비평사, 1996~2000.
· 한국역사연구회 조선시기 사회사 연구반, 『조선은 지방을 어떻게 지배했는가』, 아카넷, 2000.
· 한국역사연구회, 『조선 시대 사람들은 어떻게 살았을까』 1 · 2, 청년사, 1996.
· 한영우, 『다시 찾는 우리 역사』, 경세원, 1997.
· 한영우, 『왕조의 설계자 정도전』, 지식산업사, 1999.
· 한형주, 『조선 초기 국가 의례 연구』, 일조각, 2002.
· 허경진, 『하버드 대학 옌칭 도서관의 한국 고서들』, 웅진북스, 2003.
· 허동화, 『우리가 정말 알아야 할 우리규방 문화』, 현암사, 1997.
· 홍기문, 『정음 발달사』, 서울신문사, 1946.
· 홍승기 외, 『노비·농노·노예—예속민의 비교사』, 일조각, 1998.

<hr />

—논문

· 김건태, 「16세기 양반가의 작개제」, 『역사와 현실』 제9호, 역사비평사, 1993.
· 김경숙, 「16세기 사대부 집안의 제사 설행과 그 성격-이문건의 묵재일기를 중심으로」,
　　　　『한국학보』 98, 일지사, 2000.
· 김인걸, 「조선 후기 향촌 사회 변동에 관한 연구」, 서울대 국사학과 박사학위 논문, 1991.
· 박성래, 「한국 전근대 역사와 시간」, 『역사비평』 50, 역사비평사, 2000.
· 이성임, 「조선 중기 오희문가의 상행위와 그 성격」, 『조선시대사학보』 8, 조선시대사학회, 1999.
· 이성임, 「조선 중기 유희춘가의 물품 구매와 그 성격」, 『한국학 연구』 9, 인하대 한국학연구소, 1998.
· 이수건, 「고문서를 통해 본 조선 사회사의 일 연구-경북 지방 재지사족을 중심으로」,
　　　　『한국사학』 9, 한국정신문화연구원, 1987.
· 이영훈, 「고문서를 통해 본 조선 전기 노비의 경제적 성격」, 『한국사학』 9, 한국정신문화연구원, 1987.
· 정긍식, 「조선 초기 제사 승계 법제의 성립에 관한 연구」, 서울대 법학과 박사학위 논문, 1996.
· 심재우, 「18세기 옥송의 성격과 행정 운영의 변화」, 『한국사론』 34,
　　　　서울대 인문대학 국사학과, 1995.
· 우인수, 「조선 후기 한 사족가의 생활 양식」, 『조선시대사학보』 12, 조선시대사학회, 2000.
· 정재훈, 「조선 전기 유교 정치사상 연구」, 서울대 국사학과 박사학위 논문, 2001.
· 이기문, 「훈민정음 창제에 관련된 몇 문제」, 『국어학』 2, 국어학회, 1974.
· 이기문, 「한글의 창제」, 국사편찬위원회 편, 『한국사』 11, 1977.
· 이기문, 「훈민정음 친제론」, 『한국문화』 13, 서울대 한국문화연구소, 1992.
· 정연식, 「조선 시대의 시간과 일상생활 -시간의 앎과 알림」, 『역사와 현실』 37호, 2000.

<hr />

—도록 · 보고서

· ART, DK, 1997.
· 『광주민속박물관』, 1997.
· 『국립광주박물관』, 1990.
· 『국립민속박물관』, 1993.
· 『국립중앙박물관』, 1997.
· 『국보』 5, 예경문화사, 1985.
· 『그림으로 보는 한국의 문화유산』 1·2, 시공테크, 1999.
· 『金屬工藝綜合展』, 大壺古美術展示館, 1997.
· 『박물관 이야기』, 국립청주박물관, 2000.
· 『발굴유물도록』, 서울대학교 박물관, 1997.
· 『성균관대학교 박물관 도록』, 성균관대학교 박물관, 1998.
· 『조선 전기 국보전』, 호암미술관, 1996.
· 『中國歷代藝術-工藝美術編』, 文物出版社, 1994.
· 『中國歷代藝術-繪畫編(上)』, 中國人民美術出版社, 1994.
· 『퇴계 이황』, 예술의 전당, 2001.
· 『特別展 李朝の繪畫』, 大和文華館, 1986.
· 『풍속화』, 중앙일보사, 1985.
· 『한국 복식 2000년』, 국립민속박물관, 1997.
· 京都大學校, 『京都大學文學部博物館』, 1987.
· 고려대학교 박물관, 『조선 시대 기록화의 세계』, 2001.

· 광주민속박물관,『광주민속박물관』, 1997.

· 국립민속박물관,『한국 짚 문화』, 1991.

· 국립민속박물관·전라북도,『전북 지방 장승·솟대 신앙』, 1994.

· 국립전주박물관,『고려 말 조선 초의 미술』, 1996.

· 국립중앙박물관,『겨레와 함께 한 쌀』, 2000.

· 국립중앙박물관,『입사공예(入絲工藝)』, 1997.

· 국립중앙박물관,『조선 시대 문방제구』, 1992.

· 국립중앙박물관,『조선 시대 풍속화』, 2002.

· 김길빈,『우리 민속 도감』, 예림당, 1999.

· 김남석,『우리 문화재 도감』, 예림당, 1998.

· 내셔널 지오그래픽,『사진으로 보는 옛 한국 – 은자의 나라』, YBM Sisa, 2002.

· 농업협동조합중앙회,『농업박물관 도록』, 1998.

· 문화관광부·한국복식문화 2000년 조직위원회,『우리 옷 이천년』, 2001.

· 박대헌,『서양인이 본 조선』(전2권), 호산방, 1997.

· 박왕희,『한국의 향교 건축』, 문화재관리국, 1998.

· 배병우 사진, 송혜진·이상해 글,『종묘(宗廟)』, 삼성문화재단, 1998.

· 배병우 사진,『종묘』, 삼성문화재단, 2002.

· 서울대 규장각,『규장각 명품 도록』, 2000.

· 서울대 규장각,『조선 후기 지방 지도』, 1996.

· 서울역사박물관,『서울역사박물관』, 2002.

· 서울역사박물관,『조선 여인의 삶과 문화』, 2002.

· 세종대왕기념사업회,『세종대왕기념관 진열 목록』, 2001.

· 심연옥,『한국 직물 오천년』, 고대직물연구소, 2002.

· 영남대학교 박물관,『한국의 옛 지도』, 1998.

· 전북대학교 박물관,『박물관 도록-고문서』, 1999.

· 종묘제례보존회,『宗廟·宗廟祭禮』.

· 한복문화학회,『'99 한국의상전』, 1999.

· 한국국학진흥원,『선비, 그 멋과 삶의 세계』, 2002.

· 호암미술관,『조선 목가구 대전』, 2002.

· 호암미술관,『조선 전기 국보전』, 1996.

자 료 제 공 및 출 처

—글

야외전시_강응천 / 조선실_염정섭·이희중 / 특별전시실_김봉렬·김향금 (특별자문 : 한형주) / 가상체험실_김향금·김호 (특별자문 : 전상운·정연식) / 특강실 1_정재훈 / 특강실 2_박진호 / 국제실_박진호 / 최종교열_강응천

—사진

8~9 청계 고가도로와 동대문_지중근 / 10~11 천상열차분야지도_지중근·세종유적관리소 / 12~13「혼일강리역대국도지도」_일본 류코쿠 대학 도서관 14~15 훈민정음 부조_지중근·교보생명 / 16~17「성학십도」_지중근·이광호,「입학도설」_규장각 / 18~19 옥산 서원_지중근 / 22~23 양동 마을_지중근 / 28「묵죽도」_국립중앙박물관, 경상_호암미술관, 청화 백자 매죽 무늬 보주모양 연적_호암미술관, 산수 무늬 일월 벼루_황만971 / 32 한글 편지_안동대학교 박물관 / 33 가지와 방아깨비_국립중앙박물관, 매화그림_강릉시 오죽헌 시립박물관, 규중칠우_서울역사박물관 / 34 회혼례도_국립중앙박물관 / 35 백자 흑상감 묘지·백자 상감 풀꽃 무늬 편병_호암미술관 / 34~35 율곡 남매 분재기_건국대 박물관 / 36 백자 철화 띠무늬 병_국립중앙박물관 / 37 분청사기 박지 모란 무늬 항아리·청자 양각 연꽃잎 무늬 대접·백자 상감 연꽃당초 무늬 대접_국립중앙박물관, 분청사기 인화 무늬 대접·백자 대접_호림미술관 / 38 백자 편병_호암미술관, 달항아리_국립진주박물관, 백자 항아리_남궁련 / 39 청화 백자 송죽 무늬 홍치이년명 항아리_동국대학교 박물관, 백자 철화 포도무늬 항아리_이화여자대학교 박물관 / 40「팔도총도」_규장각 / 41 병부_국립민속박물관, 병부주머니_서울역사박물관 / 42 전주부 지도_규장각 / 43 동헌·질청·객사_지중근 / 45 향안_규장각 / 46 소과 응시장면_국립중앙박물관, 시권_광주민속박물관, 홍패_한국정신문화연구원 장경각, 죽책_성균관대학교 박물관 / 47 김진 영정_한국국학진흥원·의성 김씨 종가, 이현보 영정_『조선 전기 국보전』·이용구 / 49 양안_서울역사박물관, 호패_국립민속박물관, 탄원서·산송 문서·호구단자_전북대학교 박물관 / 51 마을을 지키는 새_황현만 / 52 두레 패_황현만 / 53 경직도_독일 게르트루드 클라센, 동계 규약_규장각, 농기·농악 기_농업박물관 / 55 터줏가리_인병선 / 58 강변회음_간송미술관 / 58~59 작호도_『李朝의 民畵』 / 59「토정비결」_연세대학교 도서관 / 60~61 취위하는 제관들_정주하 / 61 망료위_정주하 / 62 도성도_영남대학교박물관, 신도와 어도_정주하 / 63「종묘 전도」_규장각, 전사청과 수복방_정주하 / 64 영녕전_정주하 / 65 정전과 영녕전의 뒷벽_정주하,「사당전도대종소종도」_성균관대 박물관 / 62~65 종묘정전_영남대학교박물관 / 68 문무_정주하, 정간보·「시용무보」_국립국악원 / 69 신실로 향하는 왕과 제관들_무무_정주하 / 74 앙부일구_궁중유물전시관, 규표_세종유적관리소·지중근 / 75「동궐도」속의 보루각_고려대박물관, 일성정시의·간의_세종유적관리소·지중근 / 76 송이영의 혼천 시계_고려대학교박물관 / 77 성변측후단자_전상운 / 79 경복궁 사정전_이동준 / 80「안동 권씨 족보」_『우리가 정말 알아야 할 우리 선비』 / 81 향교 전도_『한국의 향교 건축』 / 83 한글 창제 반대 상소문_규장각·지중근 / 84 순천 김씨 언간_충북대학교 박물관 / 86 중국 휴대폰_삼성전자·지중근 / 87「월인석보」_한글국제화재단 / 88 이집트 상형문자_Signs and Symbols, 필경사의 도구들_『상형문자의 비밀』, 쐐기문자_박진호, 개 조각의 쐐기문자_『문자의 역사』, 페니키아 문자_『세계 고대 문명』, 페니키아 사람들_『문자의 역사』, 왕회지 서체_김종건, 갑골문_박진호, 인장_History of the World, 해서·초서_「겐지모노가타리」_박진호 / 89 아람 문자_World Religions, 아랍 문자_Islam, 인도 문자_Signs and Symbols, 티베트 문자_『문자의 역사』, 알파벳 이니셜_Corbis, 에트루리아 문자·라틴 문자_『문자의 역사』, 그리스 문자_Illustrated History of the World, 키릴 문자_박진호, 돌궐 비문_김영종, 몽골 문자_『世界の歷史』, 거란 대자_박진호, 서하 문자_『世界の歷史』, 여진 문자_박진호

—그림

24~25 향촌 전경_김동성 / 26~27 관가정과 선비_김동성 / 29 소쇄원_이수진 / 30~31 양반가_백남원 / 32 양반 여인_이수진 / 40~41 수령 부임_이선희 / 44~45 향회_이선희 / 50~51 마을 축제_정지윤 / 54~55 농가_백남원 / 56~57『농가월령』도표_김경진 / 66~67 종묘 제향_임은영 / 72~77 가상체험실 일괄_김병하 / 85 삽화_이은홍

—디자인

한국생활사박물관 개념도_김도희 / 아트워크_김경진

※ 한국생활사박물관 편찬위원회는 이 책에 실린 모든 자료의 출처를 찾기 위해 최선을 다했습니다.
누락이나 착오가 있으면 다음 쇄를 찍을 때 꼭 수정하도록 하겠습니다.

한국생활사박물관 09「조선생활관 1」

2003년 7월 20일 1판 1쇄
2022년 6월 30일 1판 12쇄

지은이 : 한국생활사박물관 편찬위원회
편집관리 : 인문팀

출력 : 블루엔 / 스캔 : 채희만
인쇄 : (주)삼성문화인쇄
제책 : 책다움
마케팅 : 이병규·양현범·이장열
홍보 : 조민희·강효원

펴낸이 : 강맑실
펴낸곳 : (주)사계절출판사
등록 : 제406-2003-034호
주소 : (우)10881 경기도 파주시 회동길 252
전화 : 031)955-8588, 8558
전송 : 마케팅부 031)955-8595 편집부 031)955-8596
홈페이지 : www.sakyejul.net 전자우편 : skj@sakyejul.com
블로그 : blog.naver.com/skjmail
페이스북 : facebook.com/sakyejul
트위터 : twitter.com/sakyejul

저작권자와 맺은 협약에 따라 인지를 생략합니다.

ISBN 978-89-7196-690-7
ISBN 978-89-7196-680-8(세트)